Tle STMG

DROIT

sous la coordination de Philippe Idelovici

Élisabeth Campain
Professeure d'économie-gestion au lycée Gabriel Fauré, Annecy

Philomène D'Angelo
Professeure d'économie-gestion au lycée Albert Schweitzer, Mulhouse

Véronique Deltombe
Professeure d'économie-gestion au lycée Gabriel Fauré, Annecy

Agnès Gudet
Professeure d'économie-gestion au lycée Lamartine, Macon

Jean Rakotoanosy
Professeur d'économie-gestion au lycée de la Versoie, Thonon-les-Bains

DELAGRAVE

PRÉSENTATION DE VOTRE MANUEL

OUVERTURE DE CHAPITRE

Rappel du thème pour se repérer dans l'ouvrage.

Extraits du programme : liste des notions abordées et des compétences visées.

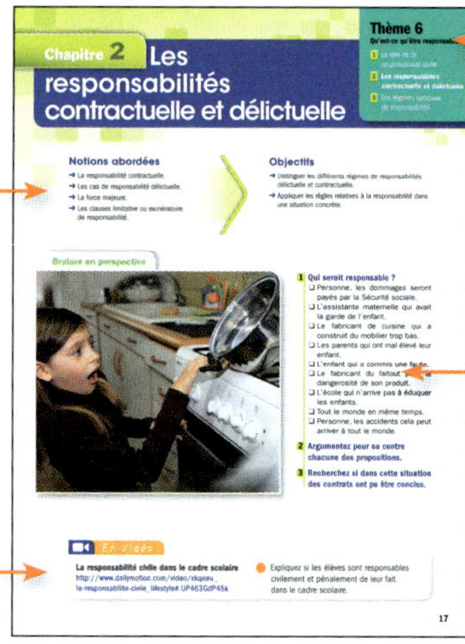

Des documents visuels et des questions simples pour mobiliser les représentations des élèves.

Parfois, une alternative en vidéo est proposée.

PAGES DE COURS

Des pages clairement structurées pour construire les notions…

Des mises en situation pour une approche didactique dans l'esprit des programmes.

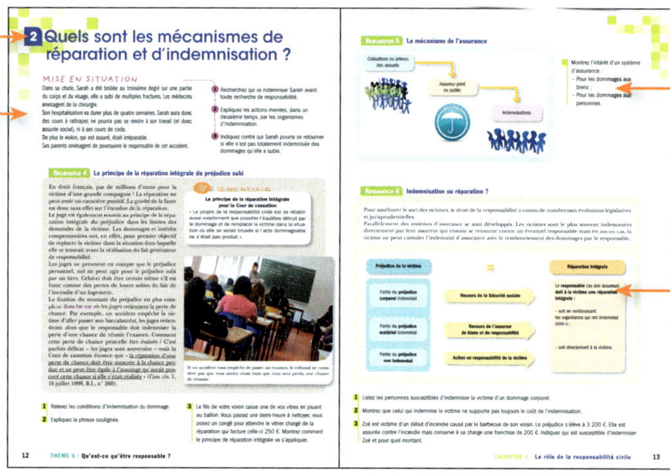

Des questions progressives.

Des dessins pour illustrer les notions

PAGE D'ACTIVITÉS

PAGE VERS LE BAC

Des exercices d'auto-évaluation ludiques et variés pour tester les connaissances.

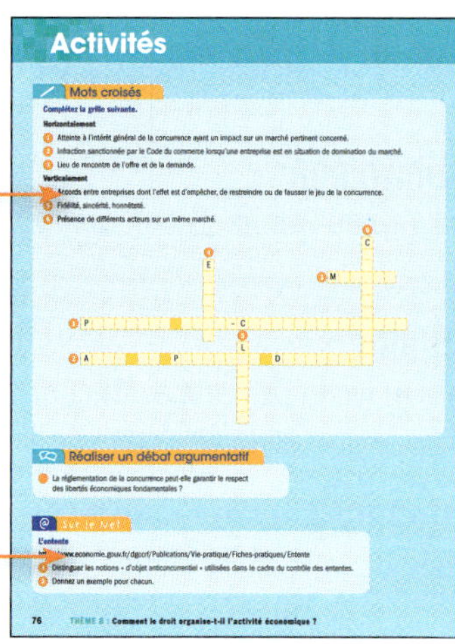

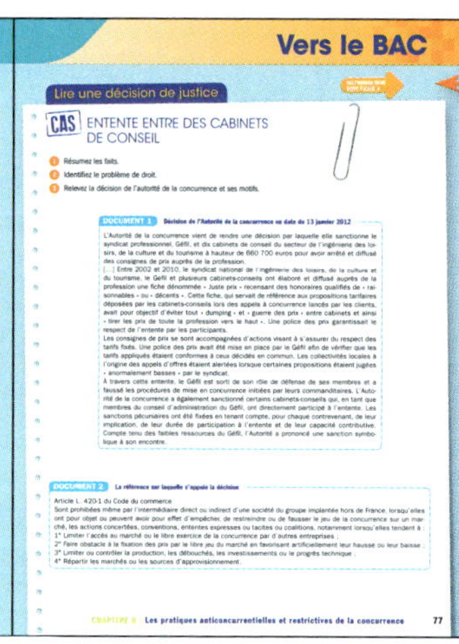

Des recherches sur Internet.

Un exercice méthodologique sous forme de CAS pour appliquer la démarche, réinvestir les notions étudiées dans le chapitre et vérifier les acquis. Il constitue un entraînement régulier à l'examen.

Éditions Delagrave - 5, allée de la 2e D.B. - 75015 Paris
www.editions-delagrave.fr
ISBN : 978-2-206-01902-4

PAGE L'ESSENTIEL EN SCHÉMA

Présentation sous forme de schéma pour visualiser et mémoriser les principales notions.

Reprise du plan du cours.

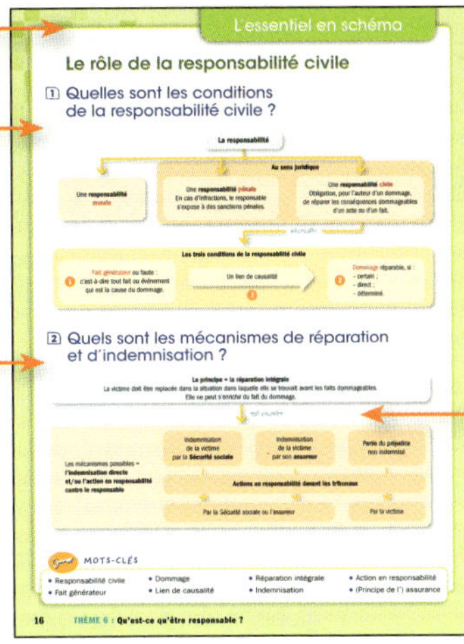

Des verbes indiquent la signification des flèches pour faciliter la lecture et la compréhension du schéma.

EN FIN D'OUVRAGE : UN DOSSIER SPÉCIAL BAC

Dossier spécial Bac

PAGES OBJECTIF BAC

5 sujets type bac pour réviser et s'entraîner.

Un cas et des questions pour évaluer la connaissance des notions fondamentales figurant dans le programme.

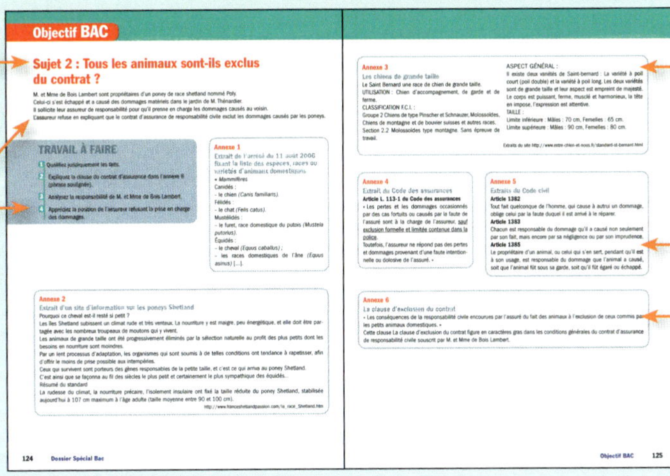

Des annexes qui se rapportent à la situation.

FICHES MÉTHODE

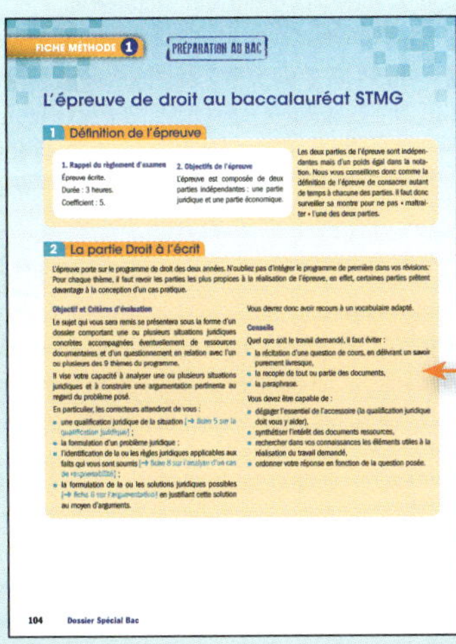

10 fiches méthode pour acquérir les savoir-faire et se préparer à l'épreuve.

LEXIQUE

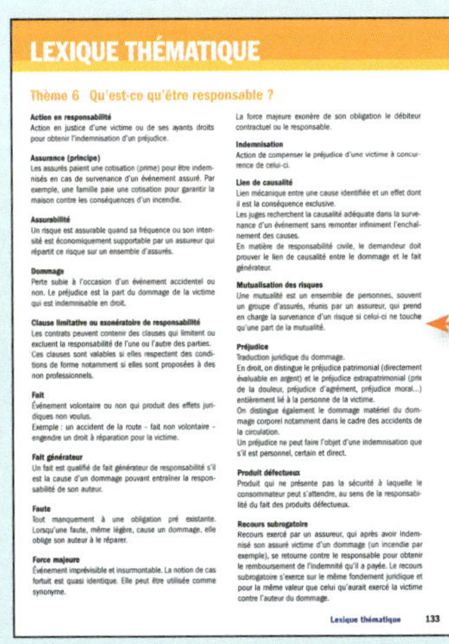

Un lexique thématique des notions de programme

PROGRAMME DE TERMINALE

THÈMES	NOTIONS ET CONTENUS	CONTEXTE ET FINALITÉS DE L'ÉTUDE
6. Qu'est-ce qu'être responsable ? **Parce qu'elle a pour objet la réparation des dommages subis par les victimes, la responsabilité civile se distingue de la responsabilité pénale qui sanctionne un comportement considéré comme répréhensible par la loi. Les différents régimes de responsabilité offrent aux victimes un système d'indemnisation qui vise la réparation intégrale des préjudices subis.**		
	La responsabilité civile	La responsabilité civile est définie par comparaison avec la responsabilité pénale dans ses fonctions, ses juridictions et ses sanctions.
	Le dommage	L'existence d'un dommage, c'est-à-dire une atteinte portée à un droit, est la condition première de la responsabilité civile. On identifie les différents types de dommages : corporel, matériel, moral ; patrimonial, extrapatrimonial. Ils peuvent donner lieu à une réparation dès lors qu'ils présentent un caractère certain, personnel, légitime et direct.
	La réparation	La réparation, qui peut être effectuée en nature ou par équivalent, doit replacer la victime dans l'état dans lequel elle se trouvait initialement. On étudie les éléments constitutifs de la responsabilité que devra prouver la victime pour obtenir cette réparation. L'analyse consiste à qualifier le fait générateur (fait personnel, fait des choses, fait d'autrui) pour identifier le responsable. Elle montre que la victime doit apporter la preuve de la réalité de son dommage et prouver le lien de causalité entre le fait générateur et le dommage. Le responsable peut être exonéré totalement ou partiellement par la preuve d'une cause étrangère. La réparation est souvent prise en charge par un assureur qui exerce ensuite un recours contre le responsable. L'étude de la réparation des victimes d'accident de la circulation permet de montrer comment le droit de la responsabilité tend à privilégier l'indemnisation de la victime plutôt que la recherche de la responsabilité.
7. Comment le droit encadre-t-il le travail salarié ? **Le droit du travail organise la relation de travail. Il joue un rôle d'arbitrage entre les intérêts des parties en présence.** **Le contrat de travail établit un lien de subordination juridique entre l'employeur et le salarié.**		
	Le contrat de travail	Il s'agit de montrer que c'est la présence d'un lien de subordination juridique qui fonde l'existence d'un contrat de travail et l'application des règles du droit du travail (en excluant les dispositions relatives au travail indépendant). Le contrat de travail place le salarié sous l'autorité de l'employeur : pouvoirs de direction, réglementaire et disciplinaire. Le contrat à durée indéterminée constitue le droit commun du contrat de travail. Le contrat fixe les modalités du travail : emploi, lieu, durée, rémunération. On étudie les conditions de travail en montrant qu'elles sont encadrées par des règles d'ordre public et par des règles conventionnelles issues de la négociation collective entre les partenaires sociaux. On montre que des clauses spécifiques peuvent être insérées pour permettre une adaptation du contrat de travail aux besoins des parties.
	Les libertés individuelles et collectives des salariés	Le droit du travail reconnaît aux salariés, dans l'exercice de leur travail, un certain nombre de libertés individuelles et collectives qui limitent les pouvoirs de l'employeur. Les libertés individuelles sont étudiées au travers des exemples du respect de la vie personnelle au travail et de la liberté d'expression. Le droit de grève, exemple emblématique des libertés collectives du salarié, est étudié à partir de ses conditions d'exercice et de ses conséquences. Ces libertés reconnues aux salariés sont exercées notamment par l'intermédiaire de leurs représentants ou des syndicats. Leur étude se limite à mettre en évidence leurs missions essentielles.
	La rupture du contrat de travail	La rupture du contrat de travail à durée indéterminée, qui peut être à l'initiative du salarié ou de l'employeur, est étroitement réglementée. À la différence de la démission, le licenciement, qu'il soit individuel ou collectif, est à l'initiative de l'employeur. Il exige une cause réelle et sérieuse et le respect de formalités. On montre qu'il s'agit de protéger le ou les salariés des conséquences du licenciement.
	Le cadre spécifique des contrats précaires	Le développement de formes précaires, telles que le contrat à durée déterminée ou le contrat de travail temporaire, conduit le législateur à fixer un cadre spécifique à ces contrats, depuis leur formation jusqu'à leur rupture. L'étude permet de mettre en évidence les aspects spécifiques de ces contrats et leurs avantages et inconvénients pour les parties.

<table>
<tr><th>THÈMES</th><th>NOTIONS ET CONTENUS</th><th>CONTEXTE ET FINALITÉS DE L'ÉTUDE</th></tr>
<tr><td colspan="3">8. Comment le droit organise-t-il l'activité économique ?
Pour organiser l'activité économique, le législateur a posé le principe de la liberté du commerce et de l'industrie. Tout agent économique est libre de se constituer une clientèle soit en la créant, soit en conquérant celle des autres.
Toutefois le droit de la concurrence cherche aussi à préserver la loyauté dans les relations économiques et sanctionne les pratiques anticoncurrentielles ou restrictives de concurrence.</td></tr>
<tr><td colspan="2">La liberté du commerce et de l'industrie</td><td>Le principe de la liberté du commerce et de l'industrie est examiné dans ses applications aux entreprises. Les limites à ce principe sont envisagées par la mise en évidence, en matière de réglementation, de la notion d'ordre public économique.</td></tr>
<tr><td colspan="2">La loyauté de la concurrence</td><td>Les opérateurs économiques ne peuvent pas proposer leurs biens et services en utilisant n'importe quels procédés. La conquête ou la conservation de la clientèle exige l'utilisation de moyens loyaux, c'est-à-dire non contraires aux usages du commerce et aux lois relatives à l'activité commerciale.
À partir de situations d'entreprises et en appliquant les règles de la responsabilité civile, on distingue les pratiques qui sont considérées comme loyales et celles qui relèvent de la concurrence déloyale.</td></tr>
<tr><td colspan="2">Les pratiques anticoncurrentielles</td><td>Par les pratiques anticoncurrentielles, des entreprises peuvent chercher à influer sur le marché, soit en se concertant, soit en abusant de la puissance économique qu'elles exercent sur le marché ou sur un partenaire.
À travers les exemples de l'entente et de l'abus de position dominante, on montre que ces pratiques sont sanctionnées lorsqu'elles ont un effet néfaste sur le marché.</td></tr>
<tr><td colspan="2">Les pratiques restrictives de concurrence</td><td>Les pratiques restrictives de concurrence sont condamnables en elles-mêmes, car elles ont pour objet de fausser la concurrence.
Elles sont identifiées à travers les exemples de la rupture de la relation commerciale établie et de la revente à perte. L'étude met en évidence la volonté du législateur de les sanctionner quels que soient leurs effets sur le marché.</td></tr>
<tr><td colspan="3">9. Comment entreprendre ?
L'activité économique se développe dans un cadre juridique qui favorise autant qu'il encadre la liberté d'entreprendre.
Les règles de droit s'adaptent en permanence aux nécessités économiques.
L'entrepreneur peut choisir de réaliser son projet seul ou avec d'autres personnes.
Parmi les critères de choix, la prise en compte du risque est un élément prépondérant.</td></tr>
<tr><td colspan="2">L'entreprise individuelle</td><td>Le statut d'auto entrepreneur est une forme simplifiée de l'entreprise individuelle. C'est la forme la plus simple pour entreprendre. Par la volonté du chef d'entreprise, ou en raison du développement de l'activité, l'entreprise individuelle peut aussi être choisie. La responsabilité des dettes de l'entreprise est totalement supportée par l'entrepreneur sur son patrimoine personnel : il n'y a pas de création d'une personne juridique nouvelle.
Pour réduire l'exposition du créateur aux risques, le législateur offre la possibilité de créer une EIRL ou une EURL.
L'analyse des possibilités offertes au créateur qui entreprend seul se fait à partir de situations concrètes.</td></tr>
<tr><td colspan="2">La société</td><td>L'entreprise peut aussi être développée sous une forme sociétaire. Son immatriculation lui confère la personnalité juridique. La responsabilité des associés est généralement limitée à leurs apports.
À partir d'exemples, il importe d'identifier les éléments fondamentaux du contrat de société sans rechercher l'exhaustivité des statuts juridiques des différentes sociétés.
Les particularités de la société coopérative sont évoquées.</td></tr>
<tr><td colspan="2">Le partenariat</td><td>Plusieurs solutions contractuelles permettent d'entreprendre en partenariat avec d'autres entreprises. Des exemples tels que le contrat de franchise permettent d'illustrer cette modalité.
L'association, qui se caractérise par le but non lucratif de son activité, est étudiée dans le cadre du programme de management.</td></tr>
</table>

SOMMAIRE

Thème 9. Comment entreprendre ?

Dossier Spécial Bac

Dossier spécial Bac

Chapitre 1 Le rôle de la responsabilité civile

Notions abordées

- ➜ La responsabilité civile.
- ➜ Le dommage.
- ➜ La réparation.

Objectifs

- ➜ Définir la notion de dommage.
- ➜ En identifier les formes et les caractéristiques.
- ➜ Appréhender la notion d'indemnisation.
- ➜ Comprendre le processus d'indemnisation et de réparation.

Être ou ne pas être… responsable ?

Si tu continues à ne rien faire… tu seras responsable de ton échec au bac !

Tu ne penses qu'à shooter… tu es responsable de la défaite !

Vous m'avez bousculé mon portable et mon téléphone sont hors d'usage ! Vous êtes responsable !!

On fait une pause ? J'ai faim. Le repas à la cantine était vraiment mauvais à midi, c'est le cuisinier le responsable !

1 **Pour chaque situation proposée, recherchez si le responsable désigné l'est vraiment et de quoi il est responsable.**

2 **Imaginez de quoi vous pouvez être responsable dans la vie de tous les jours.**

3 **Proposez une réponse à la question : Qu'est-ce qu'être responsable ?**

1 Quelles sont les conditions de la responsabilité civile ?

MISE EN SITUATION

Sarah, violoniste de 18 ans, se rend régulièrement à vélo chez son professeur.
Lors d'un trajet, elle fait une chute grave à cause d'une pierre qui a échappé à M. Alèze qui réparait le mur de sa propriété. Blessée, elle devra passer plusieurs jours à l'hôpital. Le violon est cassé. Son vélo est également endommagé, tout comme ses vêtements. Elle est très choquée par son accident et effondrée de ne pas pouvoir passer l'examen d'entrée au conservatoire qui devait avoir lieu la semaine suivant l'accident.

1. Recherchez et qualifiez les différents dommages subis par Sarah.
2. Indiquez s'ils correspondent aux conditions du dommage réparable.
3. Montrez que les conditions d'une action en responsabilité civile de la victime sont réunies.
4. Expliquez si les parents de Sarah peuvent agir à sa place.

Ressource 1 La notion de responsabilité civile

La responsabilité est une notion complexe. Dans son sens général, on comprend que l'individu libre, doté d'une conscience doit assumer les conséquences de ses actions.
Moralement d'abord, je peux me « sentir » responsable de tel ou tel événement (devant moi un jeune enfant traverse la rue et se fait heurter par une voiture ; j'aurais pu lui donner la main pour traverser ; je me sens responsable). Cette responsabilité morale est affaire de conscience personnelle et d'époque.
Pénalement ensuite, si mes actions sont des infractions pénales, je m'expose à des sanctions pénales (privation de libertés, amende, privation de droits). La responsabilité pénale doit être dissociée complètement de la responsabilité civile même si leur origine est commune.
Civilement enfin, être civilement responsable au sens juridique, signifie avoir l'obligation de réparer les conséquences dommageables d'un acte ou d'un fait. La responsabilité civile est donc **un lien de droit** entre une victime et un responsable qui doit réparer les dommages à la condition que la victime prouve la faute ou le fait générateur, le dommage et le lien de causalité entre le fait générateur et le dommage.
Historiquement cette obligation de réparer les dommages n'existait que parce que le « responsable » avait commis une faute. C'est le sens de l'article 1382 du Code civil.
La réparation des dommages était donc conditionnée à l'existence d'une faute que la victime parfois décédée, parfois affaiblie, devait prouver devant le tribunal. Pour améliorer le sort des victimes, le droit de la responsabilité a connu de nombreuses évolutions législatives et jurisprudentielles. Parallèlement des systèmes d'assurance se sont développés. Les victimes sont le plus souvent indemnisées directement par leur assureur qui, ensuite, se retourne contre un éventuel responsable.

CE QUE DIT LE CODE

Article 1382 du Code civil
Tout fait quelconque de l'homme, qui cause à autrui un dommage, oblige celui par la faute duquel il est arrivé, à le réparer.

1. Proposez deux situations de responsabilité civile.
2. Retrouvez les conditions de l'action en responsabilité civile.
3. Montrez que la responsabilité pénale et la responsabilité civile ont des objectifs différents.

Ressource 2 La nature et les caractères du dommage

Il doit être certain, personnel, direct, légitime et déterminé pour pouvoir être réparable.

Certain

Le dommage éventuel n'est pas pris en considération. Pour être indemnisé, le préjudice doit être existant ou inéluctable (une perte, un manque à gagner, une invalidité, un dommage personnel, des frais engagés...) ou la perte d'une chance, si elle était raisonnable.
Exemple : une incapacité physique entraîne aujourd'hui la perte de revenus jusqu'à l'âge de la retraite.

Personnel et direct

Hormis le cas des associations défendant un intérêt collectif (consommateurs, syndicats...) seule la victime peut demander la réparation des dommages qui sont directement la conséquence des faits reprochés au responsable.

Légitime

Si le dommage n'est pas légitime, il ne peut être indemnisé :
– Le revendeur de drogue ne peut agir en responsabilité contre son fournisseur pour rupture d'approvisionnement ;
– Le proxénète ne peut agir en responsabilité contre le responsable d'un dommage corporel causé à une prostituée.

Déterminé

Le dommage doit être quantifiable. Il peut être corporel ou matériel, moral (douleur provoquée par la perte d'un être cher), économique (perte de revenus par exemple), matériel ou économique.

INFO JURIDIQUE

La perte d'une chance
Les tribunaux admettent la réparation du préjudice constitué par la perte d'une chance.

1 Expliquez en quoi le « dommage éventuel n'est pas pris en considération » alors que la perte d'une chance l'est.

2 Justifiez l'affirmation « le dommage doit résulter directement du fait reproché au responsable ».

3 Recherchez pourquoi une personne ne peut demander réparation d'un préjudice subi par une autre (hors cas de représentation).

Ressource 3 Qu'est-ce que le dommage corporel ?

En droit, au sens général du terme, un dommage correspond à tout **préjudice** subi par une personne qu'il l'atteigne dans ses biens, son corps, ses aptitudes ou ses sentiments.
Quant au caractère corporel, il peut se définir par opposition aux atteintes aux biens comme étant celui qui touche la personne elle-même au plan physique ou moral.
Ce sont les victimes elles-mêmes qui, exprimant leurs souffrances et faisant état de ce qu'elles subissent, de ce qu'elles ont perdu, ont permis aux tribunaux de déterminer, par catégories, quels étaient les préjudices indemnisables. [...]

« Qu'est-ce que le dommage corporel ? », © 2011 Conseils Avocats.

La nomenclature servant à l'évaluation et donc l'indemnisation des préjudices corporels doit son nom au président de la commission qui l'a proposée : Jean-Pierre Dintillac.

Le dommage corporel est aussi bien patrimonial qu'extrapatrimonial

Les acteurs de l'indemnisation utilisent aujourd'hui la nomenclature dite « Dintilhac » (2005) qui identifie les types de préjudices (appelés « postes de préjudices ») pour lesquels une victime de dommages corporels peut demander réparation.
La nomenclature distingue avant tout les préjudices patrimoniaux et non patrimoniaux. Au sein de chacune de ces catégories, on différencie les préjudices « temporaires » et ceux qui sont « permanents ».
– Les **préjudices patrimoniaux** concernent les dépenses engagées (par exemple les dépenses de santé), les pertes de gains actuels ou futurs (notamment professionnels), les frais liés au dommage (frais de logement adapté, de véhicule adapté, assistance d'une tierce personne).
– Les **préjudices extrapatrimoniaux** correspondent aux souffrances physiques et psychiques endurées (par exemple : perte de qualité de vie, l'impossibilité de se livrer à certaines activités, séquelles physiques, préjudice esthétique, préjudice d'agrément, préjudice sexuel, etc.).
Dans tous les cas, il faudra distinguer le préjudice avant et après la « consolidation » (notion médicale permettant de distinguer le préjudice temporaire du préjudice permanent).

1 Distinguez préjudice patrimonial et préjudice extrapatrimonial en matière de dommage corporel.

2 Recherchez les « acteurs de l'indemnisation » qui pourraient intervenir dans la réparation des dommages.

2 Quels sont les mécanismes de réparation et d'indemnisation ?

MISE EN SITUATION

Dans sa chute, Sarah a été brûlée au troisième degré sur une partie du corps et du visage, elle a subi de multiples fractures. Les médecins envisagent de la chirurgie.
Son hospitalisation va durer plus de quatre semaines. Sarah aura donc des cours à rattraper, ne pourra pas se rendre à son travail (et donc assurée social), ni à ses cours de code.
De plus le violon, qui est assuré, était irréparable.
Ses parents envisagent de poursuivre le responsable de cet accident.

1. Recherchez qui va indemniser Sarah avant toute recherche de responsabilité.
2. Expliquez les actions menées, dans un deuxième temps, par les organismes d'indemnisation.
3. Indiquez contre qui Sarah pourra se retourner si elle n'est pas totalement indemnisée des dommages qu'elle a subis.

Ressource 4 Le principe de la réparation intégrale du préjudice subi

En droit français, pas de millions d'euros pour la victime d'une grande compagnie ! La réparation ne peut avoir un caractère punitif. La gravité de la faute est donc sans effet sur l'étendue de la réparation.
Le juge est également soumis au principe de la réparation intégrale du préjudice dans les limites des demandes de la victime. Les dommages et intérêts compensatoires ont, en effet, pour premier objectif de replacer la victime dans la situation dans laquelle elle se trouvait avant la réalisation du fait générateur de responsabilité.
Les juges ne prennent en compte que le préjudice personnel, nul ne peut agir pour le préjudice subi par un tiers. Celui-ci doit être certain même s'il est futur comme des pertes de loyers subies du fait de l'incendie d'un logement.
La fixation du montant du préjudice est plus complexe dans les cas où les juges retiennent la perte de chance. Par exemple, un accident empêche la victime d'aller passer son baccalauréat, les juges retiendront alors que le responsable doit indemniser la perte d'une chance de réussir l'examen. Comment cette perte de chance peut-elle être évaluée ? C'est parfois délicat – les juges sont souverains – mais la Cour de cassation énonce que « <u>la réparation d'une perte de chance doit être mesurée à la chance perdue et ne peut être égale à l'avantage qu'aurait procuré cette chance si elle s'était réalisée</u> » (Cass. civ. 1, 16 juillet 1998, B.I., n° 260).

CE QUE DIT LA LOI

Le principe de la réparation intégrale pour la Cour de cassation

« Le propre de la responsabilité civile est de rétablir aussi exactement que possible l'équilibre détruit par le dommage et de remplacer la victime dans la situation où elle se serait trouvée si l'acte dommageable ne s'était pas produit ».

Si un accident vous empêche de passer un examen, le tribunal ne considère pas que vous auriez réussi mais que vous avez perdu une chance de réussite.

1. Relevez les conditions d'indemnisation du dommage.
2. Expliquez la phrase soulignée.
3. Le fils de votre voisin casse une de vos vitres en jouant au ballon. Vous passez une demi-heure à nettoyer, vous posez un congé pour attendre le vitrier chargé de la réparation qui facture celle-ci 250 €. Montrez comment le principe de réparation intégrale va s'appliquer.

Ressource 5 Le mécanisme de l'assurance

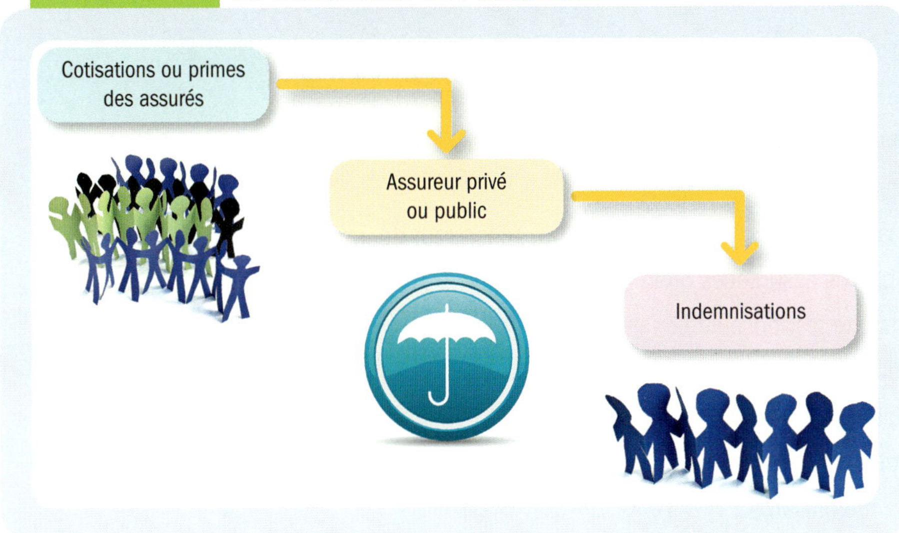

Montrez l'intérêt d'un système d'assurance :
- Pour les dommages aux biens ;
- Pour les dommages aux personnes.

Ressource 6 Indemnisation ou réparation ?

Pour améliorer le sort des victimes, le droit de la responsabilité a connu de nombreuses évolutions législatives et jurisprudentielles.
Parallèlement des systèmes d'assurance se sont développés. Les victimes sont le plus souvent indemnisées directement par leur assureur qui ensuite se retourne contre un éventuel responsable mais en aucun cas, la victime ne peut cumuler l'indemnité d'assurance avec le remboursement des dommages par le responsable.

1 Listez les personnes susceptibles d'indemniser la victime d'un dommage corporel.

2 Montrez que celui qui indemnise la victime ne supporte pas toujours le coût de l'indemnisation.

3 Zoé est victime d'un début d'incendie causé par le barbecue de son voisin. Le préjudice s'élève à 3 200 €. Elle est assurée contre l'incendie mais conserve à sa charge une franchise de 200 €. Indiquez qui est susceptible d'indemniser Zoé et pour quel montant.

Activités

✔ Vrai ou faux ?

Répondez par vrai ou faux aux affirmations suivantes.

	VRAI	FAUX
1 La responsabilité civile doit être distinguée de la responsabilité pénale.	❑	❑
2 La victime peut intenter une action en responsabilité contre l'auteur du fait générateur du préjudice.	❑	❑
3 Un préjudice est toujours indemnisable par les assurances ou la Sécurité sociale.	❑	❑
4 On peut être responsable civilement sans être responsable pénalement.	❑	❑
5 Le responsable doit replacer la victime dans l'état dans lequel elle se trouvait avant le dommage.	❑	❑
6 L'indemnisation des risques consiste à faire payer les fautifs.	❑	❑
7 Le dommage corporel est aussi bien patrimonial qu'extrapatrimonial.	❑	❑
8 La perte d'une chance est un dommage indemnisable.	❑	❑
9 Pour être irréparable, le dommage doit être certain, direct et déterminé.	❑	❑
10 Le principe de la réparation intégrale consiste à choisir entre l'indemnisation par l'assureur et le remboursement des dommages par le responsable.	❑	❑

Mini-cas

Identifiez, pour chaque cas, la personne responsable, et quelle responsabilité (civile, pénale ou morale) est engagée le cas échéant. Justifiez votre réponse.

1. Pressé d'aller chercher son ami Medhi à la sortie du lycée, Samuel se gare sur le passage piéton qui est le seul emplacement libre de la ruc.

2. Lucas a été bloqué dans un embouteillage provoqué par des travaux alors qu'il se rendait au concours de l'école d'infirmier. Il ne peut entrer dans le centre d'examen. Il estime que la commune est responsable de son échec au concours.

3. Léa a perdu son téléphone mobile (le dernier modèle de chez Sampple) en tombant du dériveur lors d'une manœuvre ratée. Elle reproche à la base de loisirs de lui avoir loué le bateau ce jour-là en dépit du vent fort. Elle demande le remboursement de son appareil au motif qu'il ne serait pas tombé à l'eau si le loueur avait refusé la location.

4. Lors d'une descente sur une piste de VTT, Yannick est tombé en glissant sur une racine. Il s'est cassé le poignet. Il voudrait que l'assureur de la station l'indemnise.

@ Sur le Net

Tableau comparatif des responsabilités

http://www.justice.gouv.fr/organisation-de-la-justice-10031/lordre-judiciaire-10033/

http://www.justice.gouv.fr/template/cache/embeds/embed-1352.html?height=368&width=648

À l'aide du site justice.gouv.fr, répondez aux questions suivantes. Vous présenterez vos réponses dans un tableau comparatif (une colonne par responsabilité).

1. Indiquez quelles sont les fonctions respectives de la responsabilité civile et de la responsabilité pénale.
2. Indiquez quels sont les principaux tribunaux en matière de responsabilité civile et de responsabilité pénale.
3. Indiquez comment sont sanctionnés les dommages en matière civile et les infractions en matière pénale.

Développer une argumentation juridique

MÉTHODOLOGIE
VOIR FICHE 3

CAS LES TROIS CONDITIONS DE LA RESPONSABILITÉ CIVILE

Réflexion entendue à la fin d'un procès en responsabilité :
« On serait mieux indemnisé s'il y avait seulement à prouver un fait et un dommage, c'est-à-dire si le lien de causalité n'avait pas à être prouvé. »

1. Qualifiez les faits.
2. Rappelez les trois conditions nécessaires à la mise en œuvre de la responsabilité.
3. Exposez la décision prise par la cour d'appel de Lyon.
4. Recherchez dans les arguments de la cour d'appel les faits qui montrent l'absence d'une des trois conditions de la responsabilité.
5. Exposez les arguments contestant ou justifiant cette affirmation.

DOCUMENT 1 **Absence de lien de causalité entre le défaut d'une installation électrique et la baisse de fertilité d'animaux élevés à proximité**

[À propos de la décision de la cour d'appel de] Lyon, chambre civile 1, Section B, 6 mars 2012, n° 11/00627.

La responsabilité d'EDF peut-elle être engagée pour la baisse de fertilité d'un cheptel élevé à proximité d'un transformateur d'électricité dès lors que cette installation électrique est jugée défaillante ? Telle est la question à laquelle a dû répondre la cour d'appel de Lyon dans un arrêt du 6 mars 2012. Un exploitant agricole, exerçant une activité d'élevage de caprins, estimait que la baisse de fécondité de plusieurs de ses bêtes était directement imputable au poste de transformation EDF situé à proximité de son exploitation. Il avait saisi le tribunal de grande instance de Besançon, pour obtenir réparation de ce préjudice et obtenu, dans un premier temps, gain de cause, puisque la juridiction franc-comtoise avait condamné l'entreprise publique à verser au GAEC la somme de 828 037,90 euros, avec intérêts au taux légal à compter du 15 janvier 2007. […] Se posait donc […], devant la juridiction lyonnaise, la question de la responsabilité d'EDF pour les pertes anormales subies par l'exploitant et pour les problèmes de stérilité rencontrés par certains de ses animaux. […]

C'est […] sur le terrain des conditions de l'action en responsabilité que l'exploitant a été débouté de sa demande par la cour d'appel de Lyon. Si la juridiction du fond relève l'existence de plusieurs défaillances, comme « *un défaut d'isolation de la partie aérienne du câble d'alimentation de la ferme et une qualité médiocre de résistance de la terre d'un neutre* », elle considère en effet que l'exploitant ne relie pas suffisamment ces différentes défaillances aux dommages invoqués dans la mesure où le seul document produit par l'éleveur est une lettre d'un salarié d'EDF du 23 février 2005, qui ne renferme aucune reconnaissance de l'imputabilité des dommages aux défauts de l'installation, puisque son auteur, s'il admet ces défauts et précise qu'ils ont été corrigés, indique également que ses fonctions ne lui permettent pas de se prononcer sur l'indemnisation du préjudice.

Pour le juge du fond, les pièces fournies par l'exploitant ne sont donc pas en mesure d'établir que les défauts constatés sont à l'origine des dommages dont il demande réparation et, en l'absence de preuve d'un lien de causalité entre les défauts de l'installation électrique et le dommage invoqué, le GAEC doit être débouté de ses demandes. Originale, la solution est somme toute logique et démontre une nouvelle fois l'importance de la preuve en matière de causalité et la difficulté d'établir un lien de corrélation entre l'exposition à certains risques modernes et le développement de maladies dont l'origine est incertaine (Cass. Civ., 1re, 24 janvier 2006, n° 03-20.178 ; Cass. Civ. 1re, 5 avril 2005, n° 02-11.947). […]

A. Bascoulergue, © 2012 BACALy.

Le rôle de la responsabilité civile

1 Quelles sont les conditions de la responsabilité civile ?

La responsabilité

- Une **responsabilité morale**
- **Au sens juridique**
  - Une **responsabilité pénale**
    En cas d'infractions, le responsable s'expose à des sanctions pénales.
  - Une **responsabilité civile**
    Obligation, pour l'auteur d'un dommage, de réparer les conséquences dommageables d'un acte ou d'un fait.

nécessite

Les trois conditions de la responsabilité civile

1. Fait générateur ou faute : c'est-à-dire tout fait ou événement qui est la cause du dommage.
2. Dommage réparable, si :
   - certain ;
   - direct ;
   - déterminé.
3. Un lien de causalité

2 Quels sont les mécanismes de réparation et d'indemnisation ?

Le principe = la réparation intégrale
La victime doit être replacée dans la situation dans laquelle elle se trouvait avant les faits dommageables.
Elle ne peut s'enrichir du fait du dommage.

qui encadre

Les mécanismes possibles = **l'indemnisation directe et/ou l'action en responsabilité contre le responsable**

- Indemnisation de la victime par la **Sécurité sociale**
- Indemnisation de la victime par son **assureur**
- Partie du préjudice non indemnisé

Actions en responsabilité devant les tribunaux

- Par la Sécurité sociale ou l'assureur
- Par la victime

MOTS-CLÉS

- Responsabilité civile
- Fait générateur
- Dommage
- Lien de causalité
- Réparation intégrale
- Indemnisation
- Action en responsabilité
- (Principe de l') assurance

Chapitre 2 Les responsabilités contractuelle et délictuelle

Thème 6
Qu'est-ce qu'être responsable ?

Notions abordées

- La responsabilité contractuelle.
- Les cas de responsabilité délictuelle.
- La force majeure.
- Les clauses limitative ou exonératoire de responsabilité.

Objectifs

- Distinguer les différents régimes de responsabilités délictuelle et contractuelle.
- Appliquer les règles relatives à la responsabilité dans une situation concrète.

Brûlure en perspective

1 Qui serait responsable ?

- ❑ Personne, les dommages seront payés par la Sécurité sociale.
- ❑ L'assistante maternelle qui avait la garde de l'enfant.
- ❑ Le fabricant de cuisine qui a construit du mobilier trop bas.
- ❑ Les parents qui ont mal élevé leur enfant.
- ❑ L'enfant qui a commis une faute.
- ❑ Le fabricant du faitout pour la dangerosité de son produit.
- ❑ L'école qui n'arrive pas à éduquer les enfants.
- ❑ Tout le monde en même temps.
- ❑ Personne, les accidents cela peut arriver à tout le monde.

2 Argumentez pour ou contre chacune des propositions.

3 Recherchez si dans cette situation des contrats ont pu être conclus.

En Vidéo

La responsabilité civile dans le cadre scolaire
http://www.dailymotion.com/video/xkqeau_la-responsabilite-civile_lifestyle#.UP463GdP45k

Expliquez si les élèves sont responsables civilement et pénalement de leur fait dans le cadre scolaire.

1 Qu'est-ce que la responsabilité contractuelle ?

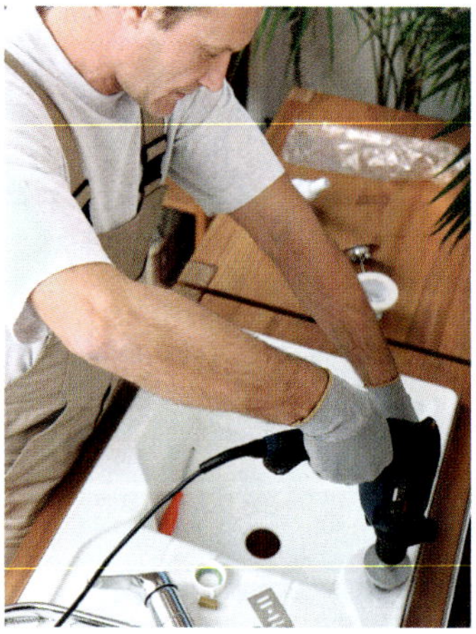

MISE EN SITUATION

Marc Vitton, plombier réalise l'installation de la cuisine de M. Joseph Brun. Lors de la pose de l'évier, l'employé de M. Vitton, Charly donne un coup de scie peu esthétique sur le plan de travail et se coupe à la main. Il a été conduit à l'hôpital et a 8 jours d'arrêt de travail.
M. Brun n'est pas très content et demande le remplacement du plan de travail détérioré. M. Vitton refuse en indiquant que son entreprise n'est pas spécialisée dans la menuiserie.

1. Qualifiez la situation juridique.
2. Précisez les liens juridiques qui unissent les acteurs de cette situation.
3. Analysez les responsabilités de M. Vitton et précisez s'il peut s'en exonérer.

Ressource 1 La primauté de la responsabilité contractuelle

Le Code civil donne au contrat conclu valablement par les parties la force d'une loi (principe de la force obligatoire – article 1134 du Code civil). Dès lors, lorsqu'un dommage survient à l'occasion de l'exécution d'un contrat il y a lieu de rechercher si les parties en cause sont unies par des liens contractuels. Il faut alors appliquer les règles relatives à la responsabilité contractuelle et uniquement celle-ci (sauf dans les cas des régimes spéciaux de responsabilité).
Le principe est simple, le contrat peut prévoir les conséquences d'une mauvaise exécution ; <u>il peut, par exemple, limiter la responsabilité de l'un ou l'autre des contractants voire l'exclure totalement.</u>

En l'absence de dispositions particulières, les juges appliquent des règles générales issues de la jurisprudence au visa de l'article 1147 du Code civil. Ils considèrent par exemple que malgré le silence du contrat, les parties avaient une obligation de sécurité. La réparation du dommage peut être intégrale, mais elle est aussi limitée au dommage prévisible par le contractant.

Les juges, qui précisent régulièrement les contours de la responsabilité contractuelle, considèrent que le contrat ne doit pas être la cause de la survenance de dommages (blessure, incendie, détériorations diverses...). Si un dommage survient, c'est qu'une obligation du contrat n'est pas respectée. Bien entendu les contrats ne prévoient presque jamais la survenance des accidents ou le déclenchement d'un incendie. Les juges considèrent que ces obligations sont « implicites ».
Ainsi ils ont créé l'obligation de sécurité. En cas de dommage corporel, les juges considèrent que cette obligation « implicite » n'a pas été respectée. Suivant les circonstances, les juges précisent que cette obligation est une obligation de moyen (la faute est alors à prouver) ou une obligation de résultat.

CE QUE DIT LE CODE

Article 1147 du Code civil
Le débiteur est condamné, s'il y a lieu, au paiement de dommages et intérêts soit à raison de l'inexécution de l'obligation, soit à raison du retard dans l'exécution, toutes les fois qu'il ne justifie pas que l'inexécution provient d'une cause étrangère qui ne peut lui être imputée, encore qu'il n'y ait aucune mauvaise foi de sa part.

1. Rappelez la distinction entre obligation de moyen et obligation de résultat.
2. Retrouvez les conditions de la responsabilité contractuelle dans les deux cas.
3. Expliquez la phrase soulignée.

Ressource 2 Le cas particulier du contrat de travail

Dans le cas d'un accident de travail, le salarié est dispensé de faire la preuve d'une faute de son employeur, il reçoit en contrepartie une indemnisation partielle de ses dommages.
En effet, tout accident survenu au temps et au lieu du travail (ou au cours du trajet entre le domicile et le lieu de travail) est réputé d'origine professionnelle, sauf preuve de ce qu'il a une cause entièrement étrangère au travail, comme le prévoit l'article 411-1 du Code du travail.

CE QUE DIT LE CODE

Article L. 411-1 du Code du travail
Est considéré comme accident du travail, quelle qu'en soit la cause, l'accident survenu par le fait ou à l'occasion du travail à toute personne salariée ou travaillant, à quelque titre ou en quelque lieu que ce soit, pour un ou plusieurs employeurs ou chefs d'entreprise.

Pour le salarié, la qualification d'accident du travail permet :
- une prise en charge à 100 % des frais médicaux par la Caisse d'Assurance Maladie ;
- le versement d'indemnités journalières pendant l'arrêt de travail (jusqu'à 185,30 euros par jour au 1er janvier 2013 pendant deux mois maximum) ;
- le versement d'une rente forfaitaire en cas d'invalidité.

Accidents du travail quelques chiffres

En 2010, selon les statistiques de la CNAMTS, environ 658 000 accidents du travail avec arrêt ont été recensés (soit une hausse de 1,1 % par rapport à 2009). Les accidents graves (avec incapacité permanente) chutent de 4,3 % (environ 41 000). Le nombre de décès recule de 1,7 % (529 accidents mortels).
C'est dans le secteur du BTP que l'on constate le plus d'accidents graves et que les taux de fréquence et de gravité sont les plus élevés.
Les véhicules sont toujours la première cause identifiable de décès. Les **manutentions manuelles** représentent un tiers des accidents avec arrêt.

C'est dans les secteurs de la métallurgie et du BTP (comme ici) que le risque d'accident de travail est le plus fort.

1 Rappelez comment est financée la Caisse Nationale d'Assurance Maladie.

2 Recherchez à quelle(s) condition(s) un accident peut être qualifié d'accident du travail.

Ressource 3 La faute inexcusable de l'employeur

La preuve de la faute inexcusable de l'employeur a pour effet de permettre une meilleure indemnisation des salariés victimes d'un accident du travail.
Le manquement à l'obligation de sécurité à l'égard des salariés a le caractère d'une faute inexcusable, au sens de l'article L. 452-1 du Code de la Sécurité sociale, lorsque l'employeur avait ou aurait dû avoir conscience du danger auquel était exposé le salarié, et qu'il n'a pas pris les mesures nécessaires pour l'en préserver (Cass. soc. 28 février 2002).

Retrouvez l'intérêt pour le salarié de l'existence d'une faute inexcusable de l'employeur.

2 Quels sont les fondements de la responsabilité délictuelle ?

MISE EN SITUATION

Maxime, 8 ans, est passionné par Robin des Bois. Pour son anniversaire, ses parents lui ont acheté la panoplie complète du héros avec un arc et des flèches en l'avertissant du risque de blessure que pouvaient causer les flèches. Malgré les avertissements de ses parents, Maxime a, au cours d'un jeu avec Florent et Charlotte, blessé Florent à l'œil avec une flèche.

1. Qualifiez juridiquement les faits.
2. Analysez les responsabilités encourues par les différents acteurs de cette situation juridique.
3. Indiquez si un des acteurs peut s'exonérer de sa responsabilité.

A La responsabilité du fait personnel

Ressource 4 Une responsabilité subjective

Une responsabilité fondée sur la faute

Article 1382 du Code civil
Tout fait quelconque de l'homme, qui cause à autrui un dommage, oblige celui par la **faute** duquel il est arrivé à le réparer.

Article 1383 du Code civil
Chacun est responsable du dommage qu'il a causé non seulement par son fait, mais encore par sa **négligence** ou par son **imprudence**.

Ne cherchez pas la définition de la faute dans le dictionnaire pour déterminer si l'auteur d'un dommage a commis une faute. La faute y est définie comme le manquement à une règle morale, religieuse ou légale aussi bien que comme une erreur. Comment savoir alors si, dans une situation donnée, une faute a été commise ?

Au sens juridique, la faute est appréciée au cas par cas par les juges du fond. Ils analysent le comportement d'un individu donné en fonction des circonstances. Qu'aurait fait un homme honnête, un « bon père de famille » dans les mêmes circonstances ? Le comportement a-t-il été prudent ou au contraire a-t-il été irréfléchi ? Si c'était à refaire, l'individu agirait-il de la même façon ? Ainsi la faute n'a pas de définition objective. On dit que la responsabilité pour faute est subjective.

Elle doit être prouvée par la victime, ce qui est parfois difficile.

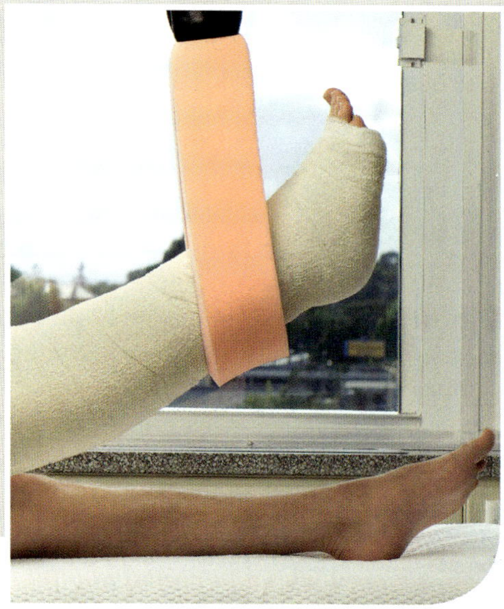

À vous de prouver la faute !

1. Précisez les conditions de l'action en responsabilité.
2. Reformulez les raisons qui expliquent la subjectivité de la faute en matière de responsabilité délictuelle.

B La responsabilité du fait des choses

Ressource 5 Un principe général

Pour faciliter l'action des victimes, les juges ont construit le principe général de responsabilité du fait des choses en interprétant l'article 1384 alinéa 1 du Code civil.
Pour les rédacteurs du Code civil, seuls les animaux et les bâtiments (articles 1385 et 1386 du Code civil) étaient des choses susceptibles d'entraîner la responsabilité de leur gardien.

Le principe est simple

Dès lors qu'une chose intervient dans la réalisation d'un dommage, le propriétaire ou le gardien de la chose qui en a la maîtrise réelle est responsable des conséquences dommageables. La victime doit seulement prouver le rôle actif de la chose dans la réalisation du dommage et le dommage lui-même.
La responsabilité civile du fait des choses est donc une responsabilité objective.

1. Expliquez pourquoi la responsabilité du fait des choses est dite objective alors que la responsabilité du fait personnel est dite subjective.
2. Énoncez les conditions de la responsabilité du fait des choses.

Ressource 6 Les différentes choses

Les choses en général

Toutes les choses sont visées par l'article 1384-1 du Code civil dès lors qu'elles ont un propriétaire.
Du sable, du gaz, une sonnerie, une pierre…
Attention, les produits défectueux, les véhicules terrestres à moteur ont des régimes spéciaux de responsabilité. Dans ces cas, l'article 1384-1 ne s'applique pas.

Les animaux

Le propriétaire ou le gardien d'un animal est responsable de plein droit des dommages causés par celui-ci en application de l'article 1385 du Code civil.
Il est évidemment inutile de prouver la faute de l'animal. Comme pour l'article 1384-1, la victime doit seulement prouver le rôle actif de l'animal dans la réalisation du dommage.

Les bâtiments

Les dommages causés par la ruine (totale ou partielle) d'un bâtiment entraînent la responsabilité du propriétaire.
L'article 1386 est appelé à disparaître car il suppose que la victime prouve le manque d'entretien ou un vice de construction. Il est donc moins favorable aux victimes que l'article 1384-1.

1. Rappelez pourquoi les animaux sont considérés comme des choses.
2. Indiquez pourquoi les règles relevant de l'article 1384-1 sont plus favorables aux victimes que celles fondées l'article 1386 du Code civil.

C La responsabilité du fait d'autrui

Ressource 7 Le transfert de responsabilité

Être responsable à la place de quelqu'un est exceptionnel. D'une certaine façon, cela peut conduire à l'irresponsabilité des individus.
Dans le cadre de la responsabilité des parents du fait des enfants (article 1384-2 du Code civil), la jurisprudence a créé une responsabilité de plein droit qui rend responsable les parents de tous les faits dommageables causés par leur enfant mineur cohabitant avec eux.
Mais dans ce cas-là, la responsabilité personnelle de l'enfant subsiste et la victime peut aussi agir contre lui, même si elle doit apporter la preuve de la faute commise.
Par contre, les commettants (employeurs) sont responsables au premier chef des dommages causés par leur préposé contre lequel la victime ne peut agir directement (article 1384-5 du Code civil). Cette responsabilité des commettants est discontinue. Elle cesse en dehors du travail. Le commettant peut s'exonérer si le préposé a commis un abus de fonction, c'est-à-dire s'il a agi en dehors de ses fonctions, sans autorisation et à des fins étrangères à ses attributions.
La responsabilité du fait d'autrui, qui existe aussi pour les instituteurs du fait de leurs élèves, pour les artisans du fait de leurs apprentis, a été élargie depuis quelques années. La jurisprudence reconnaît un principe général de responsabilité notamment lorsqu'une personne morale est chargée d'organiser ou d'encadrer la vie d'une personne qui lui est confiée.
Les victimes doivent prouver le fait ou la faute de l'enfant ou du préposé ainsi que le lien de causalité avec le dommage.
Dans ces différentes situations, les personnes responsables ont la possibilité de s'assurer contre les conséquences pécuniaires de leur responsabilité.

CE QUE DIT LE CODE

Article 1384-2 du Code civil
Le père et la mère, en tant qu'ils exercent l'autorité parentale, sont solidairement responsables du dommage causé par leurs enfants mineurs habitant avec eux.
Article 1384-5 du Code civil
Les maîtres et les commettants [sont responsables] du dommage causé par leurs domestiques et préposés dans les fonctions auxquelles ils les ont employés.

Un père et son fils

Un entrepreneur

Ses salariés

1 Montrez pourquoi la responsabilité du fait d'autrui doit rester exceptionnelle.

2 Retrouvez les conditions de la responsabilité des parents et de celle des commettants.

3 Expliquez les flèches pointant vers les illustrations.

D Peut-on s'exonérer d'une responsabilité civile ?

Ressource 8 La SNCF peut-elle s'exonérer ?

INFO JURIDIQUE

Qu'elle soit délictuelle ou contractuelle, le prétendu responsable peut s'exonérer de sa responsabilité sous certaines conditions.

Et si le train est supprimé ?

Vous arrivez à la gare les bras chargés de bagages et vous découvrez que votre train est annulé. Quelles que soient les causes de la suppression, la SNCF doit vous rembourser.

Si le train a été supprimé, la prestation n'a pas été rendue. Le voyageur est donc parfaitement en droit de réclamer le remboursement total du billet et ce, que la SNCF soit directement responsable ou non de l'annulation du train.

De même si le trajet a été vendu comme « non remboursable ». Comme en cas de retard, l'indemnisation peut se faire soit sous forme de bons d'achat, soit en espèces. Mais la SNCF ne peut en aucun cas vous imposer des « bons » de voyage ou un report du voyage. [...]

Le préjudice du voyageur

Qu'il s'agisse d'un retard ou d'une annulation, le voyageur a la possibilité de réclamer une indemnisation supplémentaire s'il estime qu'il a subi un préjudice suite au problème de train. En pratique, les préjudices possibles sont variables et peuvent aussi bien être financiers que moraux.

Il peut par exemple s'agir d'une correspondance manquée, d'une nuit à l'hôtel, d'un spectacle raté, ou encore d'une situation pénible et prolongée. C'est alors au voyageur lui-même de chiffrer et de justifier le préjudice qu'il a subi. Néanmoins, l'indemnisation ne lui est pas due si la SNCF ou le transporteur démontre que le train a été supprimé ou est arrivé en retard à cause d'un cas de force majeure.

Des critères précis

Le cas de force majeure doit correspondre à un événement jugé imprévisible et insurmontable (ou irrésistible). Ainsi, des pannes matérielles ou des problèmes de logistique ne peuvent éviter à la SNCF d'indemniser les voyageurs. De même, une grève n'est, a priori, pas un cas de force majeure, tout comme les orages ou autres événements climatiques, sauf si ceux-ci sont d'une violence exceptionnelle et inattendue.

Dossier « Voyager sans stress », © 60 millions de consommateurs, le 24 juin 2011.

INFO JURIDIQUE

Exonérations : mode d'emploi

S'exonérer de sa responsabilité signifie « se libérer de la charge de responsabilité ».

Un prétendu responsable peut contester chacun des éléments de preuve apportés par la victime. Dans de nombreux cas, il peut s'exonérer en prouvant que la faute de la victime ou le fait d'un tiers a participé à la réalisation du dommage.

Enfin dans la totalité des régimes de responsabilité, il peut s'exonérer en prouvant le cas de force majeure.

1. Rappelez la nature de la responsabilité de la SNCF à l'égard de ses clients.
2. Rappelez les cas d'exoneration de la responsabilité.
3. Relevez les critères de la force majeure permettant à la SNCF de s'exonérer de sa responsabilité.

Activités

✔ Vrai ou faux ?

Répondez par vrai ou faux aux affirmations suivantes.

	Affirmation	VRAI	FAUX
1	Un enfant mineur ne peut être responsable.	❏	❏
2	Un contractant peut limiter sa responsabilité après la survenance du dommage.	❏	❏
3	La responsabilité civile a pour objet de punir les auteurs de dommages.	❏	❏
4	Une simple imprudence rend responsable son auteur.	❏	❏
5	Il n'y a pas de responsabilité lorsque l'auteur a commis une faute involontaire.	❏	❏
6	Le propriétaire d'un animal est responsable des dommages causés par celui-ci si l'animal a commis une faute.	❏	❏
7	Les parents sont toujours responsables des dommages causés par leurs enfants mineurs.	❏	❏
8	Un employeur est responsable des dommages causés par son salarié même pendant les congés annuels.	❏	❏
9	Un prétendu responsable ne peut contester sa responsabilité qu'en prouvant la force majeure.	❏	❏

? Mini-cas

Indiquez pour chacun des cas suivants le fondement de la responsabilité envisageable et les preuves à fournir par la victime. Dans certains cas, plusieurs fondements sont possibles.

- La famille X et la famille Z sont réunies pour un barbecue. Le feu a du mal à démarrer. Monsieur X décide de rajouter un peu d'essence... Hélas Monsieur Z est gravement brûlé.
- Au cours d'une randonnée au cœur du massif du Garlaban, M. Chantoiseau reçoit une pierre qui se détache du mur de clôture délabré de la cabane de chasse de M. Antoni.
- Le chien de M. Emery, un joli pitt-bull, a crevé les pneus du véhicule de M. Bakiche qui, complètement terrorisé, est en arrêt de travail pour 15 jours.
- Brice, 15 ans, a glissé quelques morceaux de sucre dans le réservoir de la tondeuse de M. Toulouse, CPE, pour se venger d'une retenue de 2 heures.
- Au cours d'une partie de chasse, M. Viandard tire un coup de fusil de chasse (chevrotine n° 4) sur Aloko, le chien de M. Fall.
- Bruno Narzeau, employé de la SARL « les Rois du Pinceau », a renversé un pot de peinture sur la voiture stationnée en bas de l'immeuble qu'il repeint.

- Responsabilité des parents du fait des enfants
Article 1384-4 du Code civil
- Responsabilité du fait personnel
Article 1382 et 1383 du Code civil
- Responsabilité du commettant du fait du préposé
Article 1384-5 du Code civil
- Responsabilité du fait des choses
Article 1384-1 du Code civil
- Responsabilité du fait des animaux
Article 1385 du Code civil

MÉTHODOLOGIE
VOIR FICHE 3

Lire une décision de justice

CAS LA FAUTE DE LA VICTIME EST-ELLE EXONÉRATOIRE ?

1. Qualifiez juridiquement les faits.
2. Montrez quelle définition l'assemblée plénière de la Cour de cassation a retenue pour la notion de force majeure.
3. Indiquez les conséquences pour les ayants-droit de la victime de la décision de la Cour de cassation.

DOCUMENT 1 **Arrêt de la Cour de cassation du 14 avril 2006**

Attendu, selon l'arrêt attaqué (Paris, 29 juin 2004), que le corps sans vie de Corinne X... a été découvert, entre le quai et la voie, dans une gare desservie par la Régie autonome des transports parisiens (la RATP) ; qu'une information ouverte du chef d'homicide involontaire a révélé que l'accident, survenu lors du départ d'une rame, était passé inaperçu, aucun témoin des faits ne s'étant fait connaître ; que M. X..., époux de la victime, agissant tant en son nom personnel qu'en qualité de représentant légal de ses deux enfants mineurs, a demandé que la RATP soit condamnée à réparer le préjudice causé par cet accident ;
Attendu que M. X... fait grief à l'arrêt d'avoir rejeté cette demande alors, selon le moyen, *qu'en application de l'article 1384, alinéa 1er du Code civil, la faute de la victime n'exonère totalement le gardien de sa responsabilité que si elle constitue un cas de force majeure ; qu'en constatant que la chute de la victime ne peut s'expliquer que par l'action volontaire de celle-ci et que la réalité de la volonté de provoquer l'accident est confortée par l'état de détresse apparent de la victime, alors qu'un tel comportement ne présentait pas les caractères de la force majeure, la cour d'appel a violé de façon flagrante les dispositions de l'article précité ;*
Mais attendu que si la faute de la victime n'exonère totalement le gardien qu'à la condition de présenter les caractères d'un événement de force majeure, cette exigence est satisfaite lorsque cette faute présente, lors de l'accident, un caractère imprévisible et irrésistible ; qu'ayant retenu que la chute de Corinne X... sur la voie ne pouvait s'expliquer que par l'action volontaire de la victime, que le comportement de celle-ci n'était pas prévisible dans la mesure où aucun des préposés de la RATP ne pouvait deviner sa volonté de se précipiter contre la rame, qu'il n'avait été constaté aucun manquement aux règles de sécurité imposées à l'exploitant du réseau et que celui-ci ne saurait se voir reprocher de ne pas prendre toutes mesures rendant impossible le passage à l'acte de personnes ayant la volonté de produire le dommage auquel elles s'exposent volontairement, la cour d'appel a décidé à bon droit que la faute commise par la victime exonérait la RATP de toute responsabilité ;
D'où il suit que le moyen n'est pas fondé ;
PAR CES MOTIFS :
REJETTE le pourvoi ;

Les responsabilités délictuelle et contractuelle

1 Qu'est-ce que la responsabilité contractuelle ?

Contrat = loi entre les parties

- Définition de l'engagement des parties
- Limitation de la responsabilité au dommage prévisible
- Clauses limitatives de responsabilité

Étendue de la responsabilité contractuelle :
- Obligation de moyens → Faute à prouver
- Obligation de résultat → Preuve des dommages causés par l'exécution du contrat

Contrat de travail →
1. Indemnisation forfaitaire sans faute à prouver
2. Indemnisation si la victime apporte la preuve de la faute inexcusable de l'employeur

2 Quels sont les fondements de la responsabilité délictuelle ?

Responsabilité	Fait	Code civil	
du fait personnel	Faute	1382 et 1383	Responsabilité subjective
du fait des choses	Rôle actif d'une chose dans la réalisation du dommage sauf le cas particulier des animaux et des bâtiments.	1384-1 1385 et 1386	Responsabilité objective
du fait d'autrui	Fait ou faute : • d'un enfant mineur habitant avec ses parents ; • d'un préposé dans ses fonctions ; • d'un apprenti.	1384-2 à 6	Responsabilité objective

Peut-on s'exonérer d'une responsabilité civile ? → OUI SI
- Force majeure
- Faute de la victime
- Fait d'un tiers

MOTS-CLÉS

- Faute
- Force majeur
- Exonération de responsabilité
- Responsabilité contractuelle
- Responsabilité délictuelle
- Préposé
- Commettant

Chapitre 3

Les régimes spéciaux de responsabilité

Thème 6
Qu'est-ce qu'être responsable ?

1 Le rôle de la responsabilité civile
2 Les responsabilités contractuelle et délictuelle
3 **Les régimes spéciaux de responsabilité**

Notions abordées

- L'accident de la circulation.
- L'implication.
- Le défaut de sécurité d'un produit.

Objectifs

- Identifier les principaux régimes spéciaux de responsabilité :
  - Indemnisation des victimes d'accident de la circulation ;
  - Responsabilité du fait des produits défectueux.
- Déterminer leur applicabilité dans une situation concrète.
- Exposer des principes d'indemnisation dans des cas concrets.

Selon les chiffres de la sécurité routière, 3 963 personnes ont été tuées sur les routes en 2011 et 81 251 blessées dont 29 679 hospitalisées.

Un incendie a entièrement détruit une maison dans le petit village de Chevenoz en Haute-Savoie.
« Il était environ 6 h 30, raconte Ewan, lorsque ma mère est venue me réveiller, la maison voisine était en flammes. » Sur l'origine de l'incendie, on ne sait pas grand-chose. Selon les pompiers un appareil de chauffage défectueux aurait suffi pour déclencher l'incendie. Il faudra cependant attendre les conclusions des experts pour en savoir plus.

1 Montrez l'intérêt de protéger les victimes en distinguant la prévention et la réparation.

2 Expliquez pourquoi les victimes de ce type d'accident ont besoin d'un régime spécifique d'indemnisation.

1 Quelle responsabilité en cas d'accidents de la circulation ?

MISE EN SITUATION

Mme Giraud est assurée pour son véhicule. Son contrat garantit les risques de responsabilité civile ainsi que les dommages au véhicule.
Lors d'un trajet quotidien, elle ne s'est pas arrêtée à temps pour éviter un cycliste qui s'était engagé sur le croisement en arrivant par la gauche. Le cycliste souffre de blessures graves (un bras cassé et de multiples contusions...).
Dans une lettre jointe au constat amiable, Mme Giraud déclare : « L'accident n'est pas de ma faute car le cycliste n'a pas respecté les règles de priorité, j'ai freiné à temps mais la voiture ne s'est pas arrêtée, comme si les freins ne fonctionnaient plus ».

1. Qualifiez les différents dommages provoqués par cet accident.
2. Précisez si les conditions d'application de la loi du 5 juillet 1985 sont ici réunies.
3. Expliquez les règles qui déterminent l'indemnisation du cycliste.
4. Expliquez les règles d'indemnisation des dommages matériels de Mme Giraud.

Ressource 1 Une loi d'indemnisation : la loi du 5 juillet 1985

Plus que la désignation d'un responsable, la loi du 5 juillet 1985 dite loi Badinter recherche l'indemnisation des victimes. Elle prévoit sous certaines conditions énumérées dans ses articles 1 à 3 l'indemnisation des victimes d'accident de la circulation. La loi avait clairement comme objectif de protéger le pot de terre (les piétons) contre le pot de fer (les véhicules terrestres à moteur). Elle n'a de sens que parce qu'il existe une obligation d'assurance pour les véhicules terrestres à moteur (L. 211-1 du Code des assurances).

Article 1

Les dispositions du présent chapitre s'appliquent, même lorsqu'elles sont transportées en vertu d'un contrat, aux victimes d'un accident de la circulation dans lequel est impliqué un véhicule terrestre à moteur ainsi que ses remorques ou semi-remorques, à l'exception des chemins de fer et des tramways circulant sur des voies qui leur sont propres.

Article 2

Les victimes, y compris les conducteurs, ne peuvent se voir opposer la force majeure ou le fait d'un tiers par le conducteur ou le gardien d'un véhicule mentionné à l'article 1er.

Article 3

Les victimes, hormis les conducteurs de véhicules terrestres à moteur, sont indemnisées des dommages résultant des atteintes à leur personne qu'elles ont subies, sans que puisse leur être opposée leur propre faute à l'exception de leur faute inexcusable si elle a été la cause exclusive de l'accident.

DÉFINITION

Véhicule terrestre à moteur (VTM) : tout véhicule automoteur destiné à circuler sur le sol et qui peut être actionné par une force mécanique sans être lié à une voie ferrée, ainsi que toute remorque, même non attelée.

DÉFINITION

La notion d'implication
L'implication est une notion large. Un véhicule terrestre à moteur est impliqué dans un accident de la circulation dès lors qu'il est intervenu d'une manière ou d'une autre, en mouvement ou à l'arrêt même sans contact direct dans l'accident.

1. Recherchez les conditions d'indemnisation fixées dans la loi.
2. Montrez que la loi abandonne ici la distinction entre responsabilité délictuelle et responsabilité contractuelle.
3. Retrouvez la double condition qui peut priver la victime de son droit à indemnisation.
4. Montrez que les conducteurs sont moins bien protégés que les autres victimes potentielles.

Ressource 2 Une obligation d'assurance

Article L. 211-1 du Code des assurances

Toute personne physique ou toute personne morale autre que l'État, dont la responsabilité civile peut être engagée en raison de dommages subis par des tiers résultant d'atteintes aux personnes ou aux biens dans la réalisation desquels un véhicule est impliqué, doit, pour faire circuler celui-ci, être couverte par une assurance garantissant cette responsabilité, dans les conditions fixées par décret en Conseil d'État.

Une assurance pour le gyropode ?

1 Justifiez cette obligation d'assurance.

2 Précisez si les véhicules suivants sont soumis à une obligation d'assurance : un vélo à assistance électrique, une tondeuse autoportée, une voiturette sans permis, un tricycle, une patinette électrique, un gyropode, une automobile qui ne roule plus et reste sur le parking.

Ressource 3 La procédure d'indemnisation

La déclaration de l'accident

L'assureur de chaque véhicule impliqué dans l'accident doit être informé au plus tard dans les cinq jours ouvrés.

Le premier courrier de l'assureur à la victime

[…] L'assureur de la responsabilité civile du véhicule impliqué […] adresse un courrier à la victime pour l'informer de ses droits : obtention gratuite du procès-verbal de gendarmerie ou de police, assistance de l'avocat ou du médecin de son choix.

Un questionnaire est joint à ce courrier. Il porte, notamment, sur la description des dommages corporels, l'activité professionnelle, l'identification des personnes fiscalement à charge et des tiers payeurs (organismes sociaux, mutuelles, employeurs…) appelés à verser des prestations.

La victime doit y répondre et le renvoyer dans les six semaines, faute de quoi le délai d'offre d'indemnisation est suspendu. […]

L'offre d'indemnisation

L'offre doit couvrir tous les éléments du préjudice corporel. Dans tous les cas les préjudices matériels annexes aux préjudices corporels ou mortels (vêtements, prothèses…) sont couverts.

L'offre d'indemnisation subit, le cas échéant, une réduction résultant […] <u>de la déduction des sommes payées ou à payer par les tiers payeurs participant à l'indemnisation du préjudice (organismes sociaux, employeurs, assureurs santé complémentaire, assureurs type « assurance du conducteur », caisses de retraite…)</u>. […]

Le destinataire de l'offre

Il s'agit de la victime, de son représentant légal […]

Les délais pour présenter l'offre d'indemnité

L'assureur doit présenter une offre d'indemnisation :

- soit dans les huit mois qui suivent l'accident ;
- soit dans un délai de trois mois à compter de la demande d'indemnisation de la victime, sauf s'il peut justifier que le dommage n'est pas entièrement quantifié ou que la responsabilité est rejetée ou n'est pas clairement établie.

C'est le délai d'offre le plus favorable à la victime qui s'applique : trois mois à compter de sa demande d'indemnisation ou huit mois à compter de l'accident. […]

Fiche pratique « Accidents de la route : quelle indemnisation pour les dommages corporels ? », Fédération française des sociétés d'assurances, www.ffsa.fr, le 18 janvier 2013.

1 Expliquez la phrase soulignée.

2 Indiquez le délai maximum de l'assureur pour faire une proposition d'indemnisation à la victime.

3 Précisez si ce délai peut être rallongé.

2 Quelle responsabilité en cas de produits défectueux ?

MISE EN SITUATION

En lisant « Auto Expert », l'assureur de Mme Giraud « tombe » sur un article sur le rappel des voitures du même modèle que celle de Mme Giraud pour un défaut du système de freinage. Il comprend alors que l'accident de Mme Giraud était peut-être dû à un défaut mécanique.
Il est très intéressé par cette information, car cela pourrait permettre à la compagnie de se faire rembourser les différentes sommes qui devront être payées pour l'indemnisation du cycliste blessé dans l'accident.

1 Recherchez dans quelle mesure l'assureur pourra exercer un recours contre le fabricant automobile.

2 Indiquez quel autre organisme pourrait se retourner ainsi contre le constructeur automobile.

Ressource 4 La responsabilité du fait des produits défectueux

Comme l'indique clairement l'article 1386-1 du Code civil, le producteur est responsable, non seulement envers les clients avec qui il a contracté, mais aussi avec toute victime.
La loi de 1998, transposant une directive de 1985, crée cette responsabilité exceptionnelle pour tous dommages corporels ainsi qu'aux dommages matériels à condition que leur montant dépasse 500 euros.
Il n'est pas responsable de tous les dommages mais seulement de ceux qui sont causés par le défaut de son produit. Il faut donc maintenant préciser qui sont les producteurs visés. Quels sont les produits susceptibles de mettre en cause la responsabilité du producteur ? Et qu'est-ce qu'un défaut ?
La notion de producteur est assez large. La loi vise le producteur ou l'importateur et s'ils ne peuvent être identifiés alors la victime pourra se retourner contre celui qui appose sa marque ou sur celui qui commercialise le produit défectueux.

CE QUE DIT LE CODE

Article 1386-1 du Code civil
Le producteur est responsable du dommage causé par un défaut de son produit, qu'il soit ou non lié par un contrat avec la victime.

1 Expliquez l'expression soulignée.

2 Identifiez le responsable en matière de produit défectueux.

3 Expliquez pourquoi la notion de producteur est aussi large.

Ressource 5 Définition d'un produit défectueux

Pour la loi (article 1386-3 du Code civil), est un produit tout bien meuble. La loi a déjà été appliquée à des animaux, des automobiles, des vaccins, des poussettes pour enfants, des appareils électroménagers…
Les choses sont plus complexes lorsque l'on doit cerner la notion de produit défectueux. L'article **1386-4 du Code civil** définit le produit défectueux comme celui qui « *n'offre pas la sécurité à laquelle on peut légitimement s'attendre* ». Il renvoie donc à l'attente de l'utilisateur pour déterminer si le produit entre dans le champ de la loi. Même si l'article précise ensuite « *qu'il doit être tenu compte de toutes les circonstances et notamment de la présentation du produit, de l'usage qui peut en être raisonnablement attendu* ». Il y a là une forme d'incertitude que les producteurs et leurs assureurs n'aiment pas beaucoup.
Les conditions de la responsabilité du producteur sont rappelées par l'article 1386-9 : « *La victime doit prouver le dommage, le défaut et le lien de causalité entre le défaut et le dommage* ».

4 Résumez les conditions de l'action en responsabilité fondée sur les articles 1386-1 et suivants du Code civil.

Ressource 6 L'action en responsabilité

Le défaut de sécurité impose une action fondée sur les articles 1386-1 et suivants du Code civil

Lorsque le défaut de sécurité était invoqué par une **victime liée par contrat** avec un fournisseur, elle pouvait, avant la loi de 1998, obtenir une indemnisation en invoquant la responsabilité contractuelle fondée sur le manquement à l'obligation de sécurité. [...]. Elle permettait à la victime d'agir en responsabilité contractuelle contre son propre vendeur professionnel, et, en cas de chaîne de contrats, d'utiliser l'action directe pour demander réparation à tout autre intervenant dans cette chaîne, jusqu'au producteur. Cette action étant fondée sur le manquement de ces professionnels à leur obligation d'offrir un produit présentant « la sécurité à laquelle on peut légitimement s'attendre », il s'agissait d'un fondement identique à celui de la responsabilité du fait des produits défectueux.

La Cour de cassation a considéré **qu'il n'était plus possible d'agir contre le fournisseur sur le fondement de l'obligation contractuelle de sécurité**. Le producteur devant seul, en tant que responsable du fait des produits défectueux, répondre du défaut de sécurité du produit, l'obligation contractuelle de sécurité ne peut continuer à être invoquée. [...]

Elsa Berry, « L'articulation de la responsabilité du fait des produits défectueux et des autres régimes de responsabilité », www.univ-rennes1.fr

1 Expliquez le caractère exclusif du régime de responsabilité des producteurs du fait des produits défectueux.

2 Précisez si l'obligation de sécurité peut encore servir de fondement à une action en responsabilité.

Ressource 7 Sauf dans certains cas

Lorsque vous vous coupez avec un couteau de cuisine, le fabricant ne peut être tenu pour responsable du dommage.

3 Expliquez pourquoi un fabricant de couteaux ne peut être tenu responsable du dommage causé par son produit.

Activités

✔ Vrai ou faux ?

Répondez par vrai ou faux aux affirmations suivantes.

		VRAI	FAUX
1	Les trains sont des véhicules terrestres à moteur.	❑	❑
2	La loi du 5 juillet 1985, dite loi Badinter, n'a pu exister que parce que les véhicules terrestres à moteur sont obligatoirement assurés.	❑	❑
3	L'assureur d'un véhicule terrestre à moteur impliqué dans un accident de la circulation est obligé de faire une offre d'indemnisation à la victime deux mois après l'accident.	❑	❑
4	Les remorques non attelées ne sont pas considérées comme des véhicules terrestres à moteur.	❑	❑
5	Le conducteur fautif n'est pas indemnisé de ses dommages au titre de la loi du 5 juillet 1985.	❑	❑
6	À partir du moment où un véhicule à moteur est impliqué, son propriétaire est responsable.	❑	❑
7	Dès qu'un défaut de sécurité d'un produit a causé un dommage, son fabricant doit réparer celui-ci même si la victime n'a pas utilisé le produit défectueux.	❑	❑
8	Un produit n'est défectueux au sens de l'article 1386 que s'il ne fonctionne pas.	❑	❑
9	Il suffit de prouver qu'un produit est défectueux et qu'il y a eu un dommage pour que le producteur du produit soit responsable.	❑	❑
10	La victime du défaut de sécurité d'un produit peut agir sur le fondement de l'obligation contractuelle de sécurité.	❑	❑

? Mini-cas

Pour chaque situation :
– Indiquez s'il s'agit d'un régime spécial de responsabilité ;
– Précisez lequel, le cas échéant ;
– Retrouvez le ou les responsables ;
– Indiquez comment sera indemnisée la victime.

1. M. Simon conduisait son scooter lorsqu'il a heurté un cycliste qui a fait un écart pour éviter un ballon venant du trottoir. Le cycliste a été blessé dans l'accident.
2. M. Cherek s'est arrêté pour laisser passer une piétonne qui voulait traverser la rue. Celle-ci, qui porte des talons hauts, a glissé sur une des bandes blanches et s'est cassé une dent en tombant sur le capot de la voiture.
3. M. Menton en marchant a heurté un réverbère alors qu'il s'escrimait à essayer de déverrouiller son smartphone Samsuffy. Il estime que son téléphone est défectueux et voudrait être remboursé des frais d'hospitalisation restant à sa charge ainsi que du remplacement de ses lunettes de soleil cassées lors du choc.
4. Alors que Mme Étel branche son aspirateur, des étincelles jaillissent. La prise murale ne fonctionne plus. L'électricien diagnostique une défaillance générale de l'installation électrique.
5. Sur un parking, M. Dufour qui circulait à pied s'est blessé en heurtant la barre de remorquage reliant une camionette et une remorque tracté appartenant à la société Francor alors que le véhicule était en stationnement.
6. M. Malignan s'est brûlé au deuxième degré à la main droite en touchant le disque avant de son nouveau VTT à la fin de la descente du mont Ventoux.

Résoudre un cas pratique

MÉTHODOLOGIE
VOIR FICHES 7 ET 8

CAS ACCIDENT AU CARREFOUR

1. Qualifiez juridiquement les faits.
2. Recherchez les règles juridiques applicables au cas à partir de vos connaissances et des ressources fournies.
3. Proposez une solution au cas.

DOCUMENT 1 Les circonstances de l'accident (les faits)

Un accident est survenu le 12 octobre entre Daniel Xénon, conducteur d'un véhicule 4X4 (véhicule A), et Hervé Ziani, conducteur d'une moto (véhicule B).
Ce dernier est décédé après avoir heurté sur la gauche le 4X4 de M. Xénon alors que celui-ci venait de marquer un arrêt au signal « stop » sur une voie communale à l'intersection d'une route départementale et s'engageait sur le carrefour.
Les analyses effectuées par les médecins légistes ont révélé que le conducteur de la moto était dans un état alcoolique.
Les procès-verbaux de gendarmerie ainsi que les déclarations des témoins rapportent que le temps d'arrêt du conducteur du 4X4 au signal « stop » a été bref et manifestement insuffisant. Les gendarmes ont pu déterminer que l'automobiliste était dans l'incapacité d'apprécier la visibilité de la route. L'expertise des véhicules a par ailleurs établi que le point d'impact se trouvait situé sur la partie avant gauche du véhicule de M. Xénon, ce qui démontre que le motard roulait effectivement dans le couloir de circulation qui lui était réservé.
L'examen des faits a montré que l'état d'alcoolémie du conducteur de la moto n'avait pas joué de rôle causal dans la survenance de l'accident.

DOCUMENT 2 Extraits de la loi du 5 juillet 1985

Article 2
La victime, y compris les conducteurs, ne peuvent pas se voir opposer la force majeur ou le fait d'un tiers par le conducteur ou le gardien d'un véhicule mentionné à l'article 1er.
Article 4
La faute commise par le conducteur du véhicule terrestre à moteur a pour effet de limiter ou d'exclure l'indemnisation des dommages qu'il a subis.

DOCUMENT 3 Le constat amiable

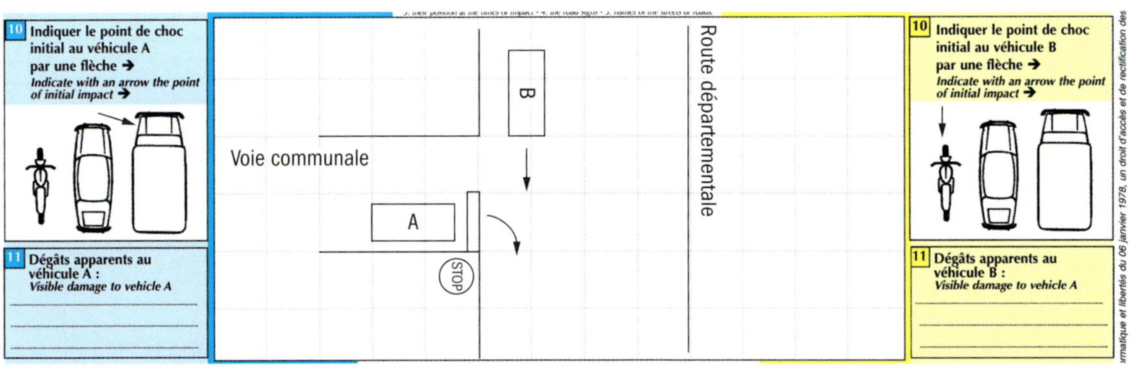

Des régimes spéciaux de responsabilité

1 Quelle responsabilité en cas d'accidents de la circulation ?

Loi du 5 Juillet 1985, dite loi Badinter pour une meilleure indemnisation des victimes

Régime spécial d'indemnisation des victimes d'accident de la route : la (ou les) victime(s), hormis le conducteur, est (sont) systématiquement indemnisé(es) des dommages corporels qui leur sont causés, même si elles sont fautives (sauf cas de faute inexcusable qui serait la cause exclusive de l'accident).

S'applique :
- Si un véhicule terrestre à moteur...
- ... est impliqué...
- ... dans un accident de la circulation.

- C'est parce qu'il y a obligation d'assurance que la loi est efficace.
- et donc obligation pour l'assureur du véhicule impliqué, de faire une offre d'indemnisation à la victime dans un délai de 8 mois après la date des faits dommageables.

2 Quelle responsabilité en cas de produits défectueux ?

La victime doit prouver :
- **Le dommage**
- **Le défaut du produit**
- **Le lien de causalité** entre le défaut du produit et le dommage

- Pas de distinction entre contractant et non-contractant.
- L'action est dirigée contre le producteur ou l'importateur ou à défaut contre le vendeur.
- La victime d'un produit défectueux est obligée d'agir sur ce fondement.

- Produit = tout bien meuble.
- Un produit est défectueux lorsqu'il ne présente pas la sécurité à laquelle on peut s'attendre.

MOTS-CLÉS

- Véhicule terrestre à moteur (VTM)
- Produits défectueux
- Action en responsabilité
- Loi Badinter
- Indemnisation
- Responsabilité en cas de produits défectueux

Chapitre 4 Le contrat de travail

Thème 7
Comment le droit encadre-t-il le travail salarié ?

Notions

- ➜ Le contrat de travail et ses composantes.
- ➜ Le lien de subordination.
- ➜ Les contrats précaires.

Objectifs

- ➜ Caractériser le contrat de travail.
- ➜ Distinguer les contrats précaires.
- ➜ Identifier les fondements de l'autorité de l'employeur.

Une belle désillusion

1 **Retrouvez les éléments qualifiant juridiquement le lien entre les deux personnages.**

2 **Précisez l'utilité d'un contrat écrit dans la relation de travail.**

3 **En fonction de votre expérience personnelle, recherchez les engagements principaux de chaque partie dans un contrat de travail.**

En Vidéo

Un CDI, ça représente quoi pour moi ?
http://www.youtube.com/watch?v=nISOIWxP5vY

1 Précisez ce que représente un CDI pour Claire.

2 Critiquez cet avis (critiques positives et négatives).

3 Donnez votre propre représentation du CDI.

1 Qu'est-ce qu'un contrat de travail ?

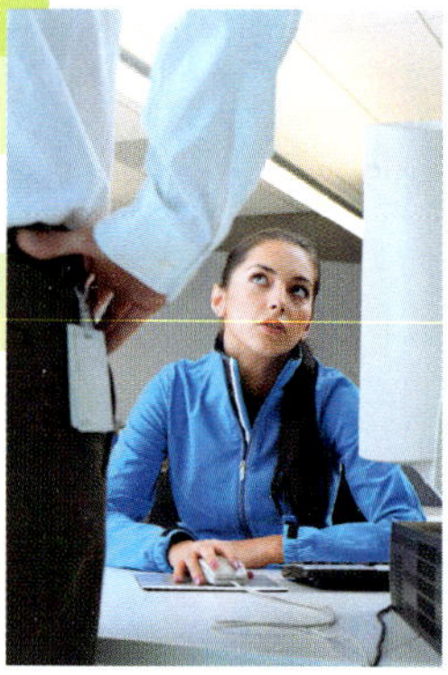

MISE EN SITUATION

Elsa est employée dans une agence de voyages. Lors de son embauche, il lui a été précisé que le règlement intérieur n'autorisait pas le port de « tenues » de sport. Malgré les interventions de son responsable, Elsa s'est présentée plusieurs fois en survêtement et baskets.

Le directeur l'a convoquée pour lui demander de cesser cette insubordination. Il la sanctionne d'une mise à pied d'une journée, ainsi que d'une amende (100 euros). Il lui annonce aussi qu'elle sera renvoyée au prochain incident.

Présentez en les justifiant les conseils juridiques que vous donneriez à Elsa pour l'aider dans cette situation.

A Un lien de subordination

Ressource 1 Définition du contrat de travail

Par un arrêt de 1996, la Cour de cassation, réunifiant des **jurisprudences** parfois contradictoires, a indiqué que la subordination se caractérise par « l'exécution d'un travail sous l'autorité d'un employeur qui a le pouvoir de donner des ordres et des directives, d'en contrôler l'exécution et de sanctionner les manquements de son subordonné ». L'arrêt précise que l'intégration dans un service organisé peut constituer un indice permettant, le cas échéant, de révéler l'existence d'un lien de subordination. Le lien de subordination résulte donc de la soumission du salarié au pouvoir réglementaire, disciplinaire et de direction de son employeur, et, bien entendu, de l'accomplissement d'un travail pour ce dernier.

Raphaël Dalmasso, « Salariés, travailleurs indépendants et travailleurs économiquement dépendants : vers une troisième catégorie juridique régissant la relation de travail ? », raphael.dalmasso@univ-nancy2.fr

DÉFINITION

Le contrat de travail est une **convention** par laquelle une personne s'engage à mettre son activité à la disposition d'une autre personne, physique ou morale, sous la subordination de laquelle elle se place, et moyennant une rémunération.

1. Rappelez les définitions de jurisprudence et convention.
2. Retrouvez les principales caractéristiques d'un contrat de travail.
3. Indiquez la conséquence de l'absence de lien de subordination.

Ressource 2 Savoir reconnaître un contrat de travail

L'existence d'une rémunération permet tout d'abord de distinguer la relation de travail salarié du **bénévolat**. À la différence du salarié, le travailleur bénévole ne bénéficie d'aucune disposition protectrice.
L'existence d'une subordination constitue le critère principal de différenciation entre le travail salarié et le travail indépendant. C'est donc principalement l'état de subordination qui justifie l'application d'un droit particulier à la relation de travail salarié, figurant dans le Code du travail.

Raphaël Dalmasso, « Salariés, travailleurs indépendants et travailleurs économiquement dépendants : vers une troisième catégorie juridique régissant la relation de travail ? », raphael.dalmasso@univ-nancy2.fr

1. Définissez « bénévolat ».
2. Précisez en quoi le lien de subordination différencie le travail salarié (contrat de travail) du travail indépendant (contrat de prestation de services).

B L'origine de l'autorité de l'employeur

Ressource 3 Le pouvoir de direction de l'employeur

Tout employeur dispose [...] de deux prérogatives distinctes :
– Un pouvoir de direction économique qui l'habilite à faire des choix de création, suppression ou transformation d'activité, implantation ;
– Un pouvoir de direction des personnes, qui l'habilite à recruter un salarié, à l'affecter à une tâche, à fixer sa rémunération, à diriger et contrôler l'exécution de son travail, à l'évincer, et dont dérivent les pouvoirs particuliers d'édicter des règles et d'infliger des sanctions ;
[...] L'employeur est ainsi habilité par le Code du travail à édicter des normes permettant de réglementer l'usage de ses biens et les conditions de vie et de travail des salariés. [...] Ce pouvoir réglementaire se niche essentiellement dans le règlement intérieur.

Fabrice Signoretto, « Le pouvoir de direction de l'employeur », Newsletter n° 13, novembre 2010, www.ideeconsultants.fr.

1 Identifiez le pouvoir qui place le salarié sous la subordination de l'employeur.

2 Citez le document permettant à l'employeur d'imposer des règles dans son entreprise.

Ressource 4 Le règlement, pouvoir normatif de l'employeur

Obligatoirement établi dans les entreprises ou établissements employant habituellement au moins 20 salariés, le règlement intérieur fixe des règles dans deux domaines :
– L'hygiène et la sécurité notamment les instructions prévues à l'article L. 4122-1 du Code du travail ;
– La discipline et la nature et l'échelle des sanctions.
Le règlement intérieur rappelle :
– Les dispositions relatives aux droits de la défense des salariés (procédure disciplinaire) ;
– Les dispositions relatives aux harcèlements moral et sexuel prévues par le Code du travail ;
Aucune autre clause n'est autorisée.
L'employeur fixe également dans le règlement intérieur, la nature et l'échelle des sanctions applicables dans son entreprise.
Ces sanctions sont énumérées, par ordre de gravité, en fonction du classement suivant : avertissement, mise à pied disciplinaire, mutation, rétrogradation, licenciement pour faute.
Certaines sanctions sont cependant interdites (notamment les sanctions pécuniaires).

Johan Honnet, « Contenu du règlement intérieur », Fiches pratiques, © www.easydroit.fr.

1 Présentez le contenu du règlement intérieur.

2 Définissez chacune des sanctions citées.

Ressource 5 Liberté individuelle et pouvoir disciplinaire

Dans tous les cas, le contenu du règlement intérieur ne peut restreindre les droits des personnes ou les libertés individuelles et collectives au-delà de ce qui est justifié par la nature du travail à accomplir et proportionné au but recherché. Ex : Interdire les conversations personnelles, imposer une tenue de travail alors que l'intérêt de l'entreprise ne le justifie pas, prévoir des fouilles systématiques des armoires individuelles...

« Le règlement intérieur », Fiches pratiques, © www.travail-emploi.gouv.fr, le 16 août 2012.

1 Recherchez des exemples de libertés individuelles et collectives protégées par la loi.

2 Expliquez le passage souligné.

2 Quels sont les contrats à disposition de l'employeur ?

MISE EN SITUATION

Luna sort d'un entretien d'embauche dans une grande entreprise commerciale de prêt-à-porter pour un poste de styliste. Elle vous raconte qu'elle va travailler en CDI et aussi qu'elle est satisfaite du salaire qui lui est proposé. Par contre, son contrat comportera une clause de non-concurrence. N'ayant aucune connaissance juridique, elle vous demande de lui expliquer plusieurs choses.

Luna voudrait savoir :

1. ce qu'est un CDI et si elle aura un contrat de travail écrit.
2. si un CDI est plus avantageux que les autres contrats de travail dont elle a entendu parler (CDD et CTT).
3. à quoi correspond la clause de non-concurrence.

A Le contrat de droit commun et son contenu

Ressource 6 Le contrat de droit commun

Le contrat de travail à durée indéterminée (CDI) est la forme normale et générale de la relation de travail. Par définition, il ne prévoit pas la date à laquelle il prend fin. [...]
Le CDI peut être conclu pour un temps plein ou pour un temps partiel. [...]
Seul le contrat à durée indéterminée (CDI) à temps plein peut être non écrit [...]. Toutefois, si le contrat à durée indéterminée à temps plein reste verbal, l'employeur a l'obligation de remettre au salarié un document écrit reprenant les informations contenues dans la déclaration préalable à l'embauche adressée à l'Urssaf.

« Le règlement intérieur », Fiches pratiques, © www.travail-emploi.gouv.fr, le 22 avril 2010.

1. Proposez une définition du contrat de travail à durée indéterminée.
2. Exposez la ou les autre(s) forme(s) de relation de travail existant sur le marché.
3. Déduisez du texte la condition de forme nécessaire à leur validité.

Ressource 7 Le contenu du contrat de travail

Le contrat de travail peut comporter des clauses très variées dès lors qu'elles résultent d'un accord de volonté entre l'employeur et le salarié. Certaines clauses se retrouvent dans la quasi-totalité des contrats de travail. Il en est ainsi principalement de l'identité des parties, la nature du contrat de travail, le lieu de travail, la date d'engagement, la qualification professionnelle du salarié, la rémunération de base, la durée du travail et la période d'essai.

Dossier de synthèse « Comment embaucher un salarié ? », © www.documentissime.fr.

Par ailleurs, le contrat de travail peut inclure la référence à la convention collective signée par l'employeur ou ses représentants pour le secteur professionnel concerné. De plus, celle-ci est obligatoirement précisée sur le bulletin de paie et mise à disposition des salariés pour consultation. La convention collective est un accord dont les dispositions règlent les conditions d'emploi, de formation professionnelle et de travail des salariés, ainsi que leurs garanties sociales. Elle est avantageuse pour les salariés en ce qu'elle est, en général, plus favorable que la loi. Elle intervient par exemple sur la durée du travail, les salaires, les congés, les indemnités de licenciement... Elle a force de loi, si elle a été signée par un employeur membre du syndicat patronal.

1. Montrez l'utilité juridique des clauses essentielles du contrat de travail.
2. Distinguez la convention collective des autres références juridiques incluses dans le contrat de travail.

B Des clauses et des contrats spécifiques

Ressource 8 La clause de non-concurrence

Clause ayant pour objet d'interdire au salarié d'exercer une activité professionnelle concurrente susceptible de porter préjudice à l'employeur, après la rupture de son contrat de travail.
Pour être valable, la clause de non-concurrence doit répondre aux conditions **cumulatives** suivantes posées par la jurisprudence :
– être indispensable à la protection des intérêts légitimes de l'entreprise,
– être limitée dans le temps et dans l'espace,
– tenir compte des spécificités de l'emploi du salarié,
– faire l'objet d'une contrepartie financière.

Définition, © Guide du travail.com.

1 Définissez « cumulatives ».

2 Citez d'autres clauses particulières possibles.

3 Dégagez les mentions impératives à la rédaction d'une clause de non-concurrence.

Ressource 9 Les contrats « précaires »

Le contrat de travail à durée indéterminée est la norme de la relation de travail. Toutefois, dans certains cas, l'employeur peut avoir recours à des contrats de travail précaires.

Cas de recours à un contrat de travail précaire

– **remplacement** d'un salarié absent : maladie, maternité, congés…
– occupation d'un poste devant être supprimé dans les 24 mois
– attente d'un recrutement
– **augmentation temporaire** d'activité de l'entreprise
– **tâche occasionnelle** ou urgente
– emplois saisonniers ou d'usage
– remplacement d'un chef d'entreprise.

BON À SAVOIR

Il est **interdit** à une entreprise de recourir à un contrat de travail précaire pour :
– remplacer un salarié **gréviste**,
– effectuer des **travaux dangereux**,
– **pourvoir un poste supprimé** depuis moins de 6 mois après un licenciement économique.

Types de contrats de travail précaire

> CDD (contrat à durée déterminée)
Il est conclu pour une durée limitée, avec un **terme précis**. Il peut être **renouvelé une fois**. La **durée totale** du contrat ne doit pas excéder 9 mois, 18 mois ou 24 mois selon les cas, renouvellement éventuel compris.

> CDD à « objet défini »
Il est conclu pour la **réalisation d'un objectif** : remplacement d'un salarié absent, travail saisonnier… Il doit être prévu par un accord de branche étendu ou un accord d'entreprise.
Il n'a pas de terme précis.
Il doit avoir une **durée minimale** de 18 mois et une **durée maximale** de 36 mois.
Il ne peut pas être **renouvelé**.

> Contrat de travail temporaire
Il est conclu entre un salarié et une **société de travail temporaire**.
Celle-ci missionne le salarié dans une entreprise utilisatrice.

Règles communes à tous les contrats de travail précaire
– **Obligation d'un écrit** signé par le salarié et l'employeur.
– **Égalité des droits** avec les salariés sous contrat à durée indéterminée.
– **Indemnité de précarité** et indemnité compensatrice de congés payés.

« Le travail précaire », © CFDT, consulté le 26 octobre 2012.

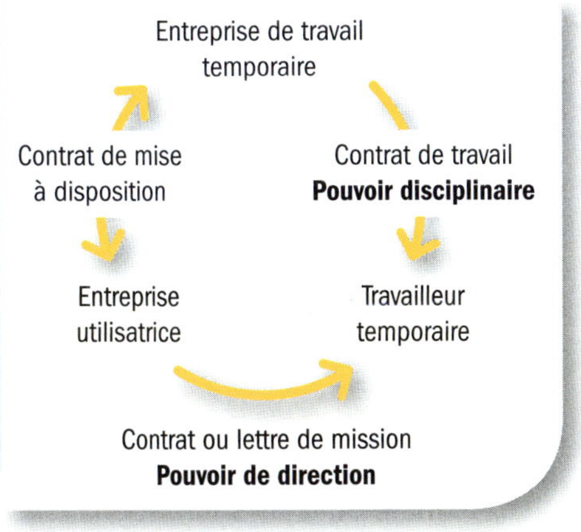

1 Montrez que les contrats précaires doivent être une exception par rapport au CDI.

2 Trouvez des exemples d'entreprises de travail temporaire.

3 Précisez qui paie le travailleur intérimaire.

Activités

✔ Vrai ou faux ?

Répondez par vrai ou faux aux propositions suivantes.

	VRAI	FAUX
1 Il existe un contrat de travail dès lors que les parties ont signé un contrat écrit.	❑	❑
2 Une personne mineure ne peut pas travailler.	❑	❑
3 La période d'essai est obligatoire dans un contrat de travail.	❑	❑
4 Tout contrat de travail non écrit est réputé être un CDI.	❑	❑
5 L'employeur peut embaucher indifféremment en CDI ou CDD.	❑	❑
6 Le règlement intérieur définit les salaires versés aux salariés.	❑	❑
7 Le chef d'entreprise peut fixer librement le salaire de ses employés.	❑	❑
8 Le salarié peut demander une modification de ses horaires de travail.	❑	❑
9 Le conseil de prud'hommes est compétent pour juger des sanctions infligées par l'employeur.	❑	❑
10 Le contrat de travail temporaire est un contrat à durée déterminée.	❑	❑

? Mini-cas

Cas 1 : Carmen a été engagée en février et a exécuté des missions au sein de la société XXX jusqu'au 6 janvier 2012. Durant cette période de dix-huit mois, Carmen avait été occupée sur le même emploi de receveuse de péage à la gare de péage dc Toulouse-Sud, suivant une succession de trente-six contrats à durée déterminée et missions d'intérim espacés de brèves interruptions.

1 Carmen souhaite obtenir une requalification de tous ses contrats en contrat à durée indéterminée et vous demande si cela est possible. Vous lui exposez votre position de manière argumentée.

Cas 2 : Marion, titulaire d'un diplôme d'accompagnateur de tourisme équestre, a encadré trois randonnées organisées par le centre équestre exploité par M. Y... les 12, 15 et 19 octobre 2012. Chacune des randonnées a duré environ 3 heures et a été rémunérée au tarif normal en vigueur, mais M. Y ne lui avait pas fait signer de contrat.

2 Marion se demande si elle a exécuté trois contrats à durée déterminée ou un contrat à durée indéterminée sur le mois d'octobre. Vous répondez à son interrogation de manière argumentée.

Cas 3 : Jordan, 17 ans, vient d'obtenir son BEPA Aménagement de l'espace spécialité travaux paysagers. Durant les vacances d'été, en juillet et août, il a travaillé alternativement une semaine sur deux, chez 2 personnes, à l'entretien des espaces verts de leur propriété. Il a signé un contrat dit « commercial » selon lequel il s'engageait sur des périodes précises et pour une rémunération fixée par le client à entretenir les espaces verts déterminés précisément.

3 Jordan s'interroge sur la nature de son contrat et voudrait savoir s'il ne s'agirait pas plutôt d'un contrat de travail. Présentez-lui une réponse argumentée.

@ Sur le Net

Période d'essai et contrat de travail

http://www.youtube.com/watch?v=okt4PZ93-h0&feature=related

Présentez les principales caractéristiques de la période d'essai en droit du travail.

Lire une décision de justice

MÉTHODOLOGIE VOIR FICHE 3

CAS MISE EN ŒUVRE D'UNE CLAUSE DE MOBILITÉ

1. Exposez les faits et la procédure antérieure.
2. Précisez le problème juridique.
3. Formulez l'argument justifiant la solution de la cour d'appel.
4. Présentez les motifs et la décision de la Cour de cassation.
5. Indiquez à quelle condition la mise en œuvre de la clause de mobilité aurait été légale.
6. Expliquez le passage souligné.

La clause de mobilité

Clause par laquelle le salarié accepte, par avance, une modification de son lieu de travail.
Elle est prévue au contrat de travail ou simplement par la convention collective obligatoirement portée à la connaissance du salarié.
La clause doit préciser sa zone géographique d'application.
Elle doit être utilisée de manière non abusive et non déloyale : délai de prévenance suffisant, intérêt de l'entreprise...

DOCUMENT 1

Vu les articles 1134 du Code civil et L. 1221-1 et L. 1222-1 du Code du travail ;
Attendu, selon l'arrêt attaqué, que Mme X... a été engagée le 17 janvier 2002 par la société Téléperformance France, entreprise de télémarketing, suivant contrat à durée indéterminée en qualité de chargée de relation clientèle, puis employée à partir de juillet 2004, suivant avenant à son contrat de travail, en qualité de responsable d'équipe en étant affectée à Saint-Denis (93) chez un client, la société Panasonic ; que celle-ci ayant mis fin à compter du 1er juin 2007 à son contrat avec Téléperformance, cette dernière a informé la salariée le 4 juin 2007 qu'à compter du 5 juin 2007 elle exécuterait sa prestation de travail sur le nouveau centre de Téléperformance situé depuis septembre 2005 à Guyancourt (78) ; que Mme X... ayant refusé cette affectation, elle a été licenciée le 24 juillet 2007 au motif de son refus d'une affectation conforme à la clause de mobilité inscrite à son contrat de travail ; qu'elle a saisi la juridiction prud'homale de demandes tendant à ce que le licenciement soit jugé abusif et à ce que certaines sommes lui soient allouées en conséquence ;
Attendu que pour débouter la salariée de ses demandes, l'arrêt retient que le contrat de travail prévoit expressément outre une clause de mobilité, la zone géographique à l'intérieur de laquelle elle s'exercera à savoir la région parisienne, que Guyancourt se trouve manifestement dans cette région, que Téléperformance a convoqué Mme X... à un entretien fixé au 23 mai 2007 [...] et que suivant courrier du 4 juin 2007 remis en main propre et signé par l'intéressée, il lui était indiqué que l'exercice de ses fonctions s'effectuerait sur le site de Guyancourt à compter du 5 juin 2007, que la salariée ayant refusé une affectation conforme aux clauses de son contrat de travail, constituant un simple changement des conditions de travail et non une modification d'un élément essentiel de son contrat, son licenciement prononcé régulièrement pour cause réelle et sérieuse est fondé ;
Qu'en statuant ainsi alors qu'elle avait constaté que Téléperformance avait indiqué à la salariée le 4 juin 2007 qu'elle était affectée à Guyancourt à compter du lendemain, ce qui traduisait de la part de l'employeur, comme le soutenait Mme X..., un défaut de respect d'un délai de prévenance et l'absence de bonne foi dans la mise en œuvre de la clause de mobilité, la cour d'appel a violé les textes susvisés ;
PAR CES MOTIFS :
CASSE ET ANNULE, dans toutes ses dispositions, l'arrêt rendu le 31 août 2010, entre les parties, par la cour d'appel de Paris ; [...] les renvoie devant <u>la cour d'appel de Paris, autrement composée ;</u>

Cour de cassation, chambre sociale, 3 mai 2012.

Le contrat de travail

1 Qu'est-ce qu'un contrat de travail ?

L'employeur

Lien de subordination + **Rémunération** + **Prestation de travail** = **CONTRAT**

Le salarié

Pouvoirs de l'employeur
- Pouvoir de direction
- Pouvoir réglementaire
- Pouvoir disciplinaire

2 Quels sont les contrats à disposition de l'employeur ?

Le contrat de travail

Clauses fondamentales
- Nature du contrat
- Identité des parties
- Lieu de travail et durée du travail
- Période d'essai...

+

Clauses particulières
- Clause de mobilité
- Clause de non-concurrence...

La **norme** = le **CDI**

Pour les **exceptions** :
Les contrats dits précaires
- Le CDD
- Le CTT ou l'intérim
Sous conditions de recours

MOTS-CLÉS
- Contrat de travail
- Lien de subordination
- Rémunération
- Salarié
- CDI, CDD, CTT, intérim
- Clause de mobilité
- Clause de non-concurrence

Chapitre 5 Les libertés individuelles et collectives des salariés

Thème 7
Comment le droit encadre-t-il le travail salarié ?

Notions

- → Libertés individuelles.
- → Libertés collectives.
- → Représentants du personnel.

Objectifs

- → Identifier les libertés individuelles et collectives des salariés.
- → Déterminer les conditions d'exercice du droit de grève et les conséquences pour les salariés.
- → Connaître les missions principales des représentants du personnel.

La Fnac Paris en grève

Ce matin du 5 avril à 9 h 30, suite à des négociations houleuses pour la hausse des salaires, les employés des différentes Fnac parisiennes se sont retrouvés sur le parvis de la Fnac Saint-Lazare afin d'en bloquer l'entrée. Dans l'attente de renégociations entre les syndicats et la direction régionale, les employés se mobilisent pour une meilleure considération de leur charge de travail, qui au fil des dernières années, par des réductions d'effectifs, s'est largement alourdie, sans compensation pécuniaire.

A. Thibault, You.LeParisien.fr, le 5 avril 2012.

1. **Décrivez la photographie et expliquez la raison du conflit.**
2. **Selon vous, est-il légitime pour les salariés d'exprimer ainsi leurs revendications ?**
3. **Identifiez le rôle des syndicats dans ce conflit.**

1 Comment le droit encadre-t-il les libertés individuelles ?

MISE EN SITUATION

M. Roy travaille au sein d'une entreprise de chimie en qualité d'agent technique. Courant juin, les conditions climatiques sont caniculaires et il décide de porter des sandales à la place de ses chaussures de sécurité. Son employeur le somme de remettre immédiatement ses chaussures de sécurité sous peine de sanction mais il persiste à désobéir. Puis, il relate les faits sur Facebook en tenant des propos portant atteinte tant à l'image de l'entreprise qu'à la réputation de son supérieur hiérarchique.
L'employeur prend connaissance de la situation et le licencie. M. Roy entend contester son licenciement.

Proposez une réponse argumentée en vue de conseiller M. Roy dans cette affaire.

Ressource 1 Liberté individuelle et vie privée des salariés

Si le contrat de travail place le salarié dans une situation de subordination vis-à-vis de son employeur, ce lien de subordination n'empêche pas l'existence de ces libertés individuelles et collectives. L'article L. 120-1 du Code du travail dispose que « nul ne peut porter aux droits des personnes et aux libertés individuelles et collectives des restrictions qui ne seraient pas justifiées par la nature de la tâche à accomplir, ni proportionnées au but recherché ». La loi confère ainsi au salarié des prérogatives individuelles, tant pour préserver sa liberté d'expression, le protéger contre toute mesure discriminatoire, que pour lui assurer une égalité professionnelle. Si le législateur garantit l'exercice de ces libertés, il convient de préciser que les abus sont sanctionnés.

DÉFINITION

La **liberté individuelle** est exercée par une personne, tandis que la liberté collective est exercée par plusieurs personnes.

1. Définissez la notion de liberté individuelle et citez un exemple concret.
2. Rappelez ce que recouvre le « droit au respect de la vie privée ».
3. Justifiez les restrictions à l'exercice de la liberté individuelle du salarié.

Ressource 2 Les limites de la liberté individuelle

1. Identifiez les situations pour lesquelles l'employeur peut imposer le port d'une tenue de travail.
2. Citez trois professions où l'employeur n'est pas fondé à imposer une tenue de travail.

L'employeur peut imposer dans le règlement intérieur une tenue de travail à ses salariés hommes et femmes,
– soit pour une question de sécurité (tablier, botte, casque, lunettes, etc.),
– soit pour une question de décence et de bienséance (tailleur pour les vendeuses, costume pour les représentants, etc.).
Le salarié qui ne se soumet pas au règlement intérieur et au pouvoir de direction de l'employeur peut donc être licencié.

Arrêt de la Cour de cassation, chambre sociale, rendu le 28 mai 2003, rejet (02-40273).

En cuisine, le port d'une tenue, y compris de chaussure de sécurité, est obligatoire.

INFO JURIDIQUE

En France, le **délégué du personnel** est une institution créée par le Front populaire en 1936. Il représente le personnel auprès de l'employeur et lui fait part des réclamations individuelles ou collectives concernant l'**application de la réglementation du travail**.

Ressource 3 Les contours de la liberté d'expression des salariés

CE QUE DIT LE CODE

Article L. 1121-1 du Code du travail
Nul ne peut apporter aux droits des personnes et aux libertés individuelles et collectives de restrictions qui ne seraient pas justifiées par la nature de la tâche à accomplir ni proportionnées au but recherché.

La liberté d'expression reste un principe fondamental reconnu.
L'article L. 2281-1 du Code du travail énonce que tout salarié dispose d'un droit d'expression qui lui permet d'émettre des opinions concernant le contenu, les conditions d'exercice et l'organisation de son travail. Ces opinions, quelle que soit la place du salarié dans la hiérarchie professionnelle, ne peuvent être sanctionnées. […]
Si le salarié jouit de la liberté d'expression, il doit toutefois observer une obligation de loyauté et de discrétion envers son entreprise.

A. Bensoussan, « Les contours de la liberté d'expression des salariés », *Le Droit des technologies avancées*, le 27 mars 2012.

1 Identifiez les obligations imposées au salarié en matière de liberté d'expression.

2 En vous appuyant sur des exemples concrets, justifiez les restrictions apportées au droit d'expression des salariés.

Ressource 4 Facebook et la liberté d'expression

[…] Les tribunaux sont saisis depuis quelques années de contentieux concernant des propos tenus sur les « réseaux sociaux » ou les blogs internet par des salariés peut-être imprudents.
Ainsi, le conseil de prud'hommes de Boulogne-Billancourt (19/11/2010) a eu à connaître du dossier de licenciement d'un salarié ayant utilisé le réseau *Facebook* pour tenir des propos portant atteinte à la réputation de l'entreprise et de son supérieur hiérarchique.
Après avoir écarté l'argument du salarié tiré de l'atteinte à sa vie privée, il a considéré que celui-ci avait abusé de sa liberté d'expression, ce qui justifiait le licenciement pour faute grave intervenu.

svp.com, H. Bernier, V. Baroggi, « La liberté d'expression des salariés et ses limites », le 10 novembre 2011.

1 Indiquez la décision rendue par le conseil de prud'hommes dans cette affaire.

2 Expliquez en quoi les réseaux sociaux présentent de nouveaux risques en matière de liberté d'expression des salariés.

Ressource 5 La présence des réseaux sociaux sur le lieu de travail

Une redéfinition des contours de la liberté d'expression du salarié

[…] La possibilité offerte par les réseaux sociaux d'une communication sans limite peut mener à des dérives notamment concernant la réputation d'une entreprise ou de ses produits. La liberté d'expression est un principe fondamental garanti par les articles 10 et 11 de la Déclaration des droits de l'homme et 9 du Code civil. Toutefois, il s'est avéré nécessaire d'adapter ce droit aux nouveaux moyens de communication afin d'éviter ces dérives. En outre, la liberté d'expression doit ici être conciliée avec le devoir de loyauté et de confidentialité du salarié envers son employeur. Un manquement à ces obligations donne droit à l'employeur d'agir en réparation d'un préjudice qu'il a pu subir. Les entreprises se dotent donc aujourd'hui de plus en plus de charte informatique permettant de réglementer l'accès à internet sur le lieu de travail. […]

M. Cahen, « les enjeux du développement des réseaux sociaux dans la sphère privée et professionnelle », ©Net-iris.fr, le 16 mai 2011.

2 Comment le droit encadre-t-il les libertés collectives ?

MISE EN SITUATION

L'entreprise de transport dans laquelle travaille M. Roy affiche un bénéfice en augmentation de 20 %. Malgré ces bons résultats, la direction annonce une restructuration qui devrait engendrer des suppressions de postes. Le délégué de la section syndicale pose un panneau d'affichage en vue d'informer les salariés et de les mobiliser pour faire grève. Les salariés en colère séquestrent l'employeur durant plusieurs heures lors de la grève.

1 Déterminez si les conditions d'exercice de la grève sont licites.

2 Identifiez les conséquences pour les salariés grévistes.

Ressource 6 La reconnaissance des libertés collectives

Le droit reconnaît aux salariés des libertés collectives.

Le droit de faire grève, inscrit dans la Constitution de 1958, constitue un exemple emblématique. Ce droit permet aux salariés de défendre leurs intérêts face au pouvoir de l'employeur. Il s'agit d'un contre-pouvoir exercé par plusieurs personnes. Il est à noter que la mise en place d'institutions représentatives du personnel* notamment d'un syndicat facilite le dialogue et la négociation.

* Les représentants du personnel composent « les institutions représentatives du personnel » : comité d'entreprise, délégués du personnel, délégué syndical.

INFO JURIDIQUE

Jusqu'au XIXe siècle, non seulement la grève était interdite mais elle constituait un délit pénalement sanctionné.

1 Recherchez dans l'actualité récente deux exemples de grève et expliquez les raisons des salariés.

2 Précisez la source du droit qui consacre le droit de grève.

Ressource 7 Les conditions de licéité d'une grève

La grève est la cessation collective et concertée du travail en vue d'appuyer des revendications professionnelles déjà déterminées et connues de l'employeur (Cass. soc., 18 janvier 1995). La cessation du travail doit être totale. Le fait de ralentir la cadence de production ou de provoquer un ralentissement de l'activité ne peut être considéré comme l'exercice normal du droit de grève et peut être sanctionné. [...] La cessation du travail par un salarié isolé dans son entreprise ne peut être qualifiée de grève, mais consiste en un abandon de poste ou en un acte d'indiscipline passible de sanctions disciplinaires. Une grève ne peut valablement être déclenchée que pour obtenir la satisfaction de revendications d'ordre professionnel. Ces revendications professionnelles peuvent concerner les conditions de travail, la protection de l'emploi, la stratégie de l'entreprise, la défense des droits collectifs, la rémunération...

« Le droit de grève », JobFinance.com, le 6 février 2009.

Certaines catégories de personnel ont l'obligation d'assurer, même en période de grève, un service minimum. Cela concerne, par exemple, les agents hospitaliers et les agents de la navigation aérienne. Dans les écoles maternelles et élémentaires, si l'enseignant est absent, un service d'accueil des élèves doit être mis en place par la commune ou les services de l'Éducation nationale.

INFO JURIDIQUE

La séquestration est un fait de grève pouvant engager la responsabilité pénale du ou des auteurs. Il s'agit d'une infraction commise par celui qui prive illégalement une personne de sa liberté. Le Code pénal réprime sévèrement ce délit (article 224-1 du Code pénal).

1 Définissez la notion de « grève ».

2 Identifiez les trois conditions pour qualifier une grève de « licite ».

3 Expliquez pourquoi le législateur impose un service minimum à certaines catégories de personnel.

4 Citez des professions qui sont privées de l'exercice du droit de grève.

Ressource 8 Les conséquences de la grève

La grève suspend le contrat de travail mais ne le rompt pas. L'employeur retient sur la paye la part du salaire correspondant à la durée de la grève. Il est important de souligner que l'employeur ne peut pas licencier le salarié gréviste sauf en cas de faute lourde. **De plus, l'employeur ne peut pas opérer une discrimination en matière de rémunération ou d'avantages sociaux entre grévistes et non-grévistes.**

1 Identifiez les incidences de la grève sur le contrat de travail pour le salarié gréviste.

2 Commentez la dernière phrase du texte.

Ressource 9 Au service des libertés des salariés

Les délégués du personnel

[Sont] élus dans les entreprises de 11 salariés et plus [...].

– Ils représentent le personnel auprès de l'employeur et lui font part des réclamations individuelles ou collectives en matière de réglementation du travail,

– Ils sont les interlocuteurs de l'Inspection du travail qu'ils peuvent saisir pour tout problème d'application du droit du travail,

– Ils peuvent faire des suggestions sur l'organisation de l'entreprise. [...]

Le comité d'entreprise

Le CE est mis en place par voie d'élection organisée dans les entreprises de 50 salariés et plus [...].

Le CE dispose d'importantes attributions économiques. À ce titre, l'employeur est tenu d'informer puis de consulter le CE sur un certain nombre de projets tels que la modification de l'organisation du travail, l'élaboration ou la modification du règlement intérieur, des projets de licenciements pour motif économique, les licenciements des représentants élus du personnel, etc. [...]

Le Comité d'Hygiène, Sécurité et Conditions de Travail

[Il s'agit d'une] instance obligatoire, si l'entreprise comporte plus de 50 salariés. [...]
Le CHSCT a pour mission de contribuer à la protection de la santé physique et mentale et à la sécurité de tous les salariés travaillant dans l'entreprise [...].
En cas de danger grave et imminent, le CHSCT a un droit d'alerte. [...]

Fiche pratique « Les représentants du personnel », www.easydroit.fr, consulté le 27 nombre 2012.

Le délégué syndical

Tout syndicat représentatif dans une entreprise ou un établissement de 50 salariés ou plus peut désigner des délégués syndicaux. [...]
Les délégués syndicaux représentent leur syndicat auprès de l'employeur pour lui formuler des revendications.
Il assure par ailleurs l'interface entre les salariés et l'organisation syndicale à laquelle il appartient.
Les délégués sont les acteurs majeurs de la négociation collective dans l'entreprise. [...]

Fiche pratique « Le délégué syndical », www.easydroit.fr, consulté le 27 nombre 2012.

1 Différenciez le délégué du personnel du délégué syndical.

2 Identifiez les missions de ces représentants du personnel.

Activités

✔ Vrai ou faux ?

Répondez par vrai ou faux aux propositions suivantes.

		VRAI	FAUX
1	Quelle que soit la profession exercée, l'employeur peut imposer au salarié une tenue vestimentaire.	❏	❏
2	Le salarié jouit d'une liberté d'expression totale au sein de l'entreprise et en dehors de celle-ci.	❏	❏
3	Le texte juridique qui reconnaît le droit de grève aux salariés est la Constitution.	❏	❏
4	Aucune restriction ne peut être apportée aux libertés individuelles des salariés.	❏	❏
5	La grève est une cessation collective et concertée du travail en vue d'appuyer des revendications professionnelles.	❏	❏
6	Le service minimum est applicable tant dans le secteur privé qu'au sein du secteur public.	❏	❏
7	Pour exercer son droit de grève, il est nécessaire d'être syndiqué.	❏	❏
8	Il y a un délégué du personnel dans toutes les entreprises.	❏	❏
9	Un employeur peut licencier un employé en grève.	❏	❏
10	Le contrat de travail est rompu lors d'une grève.	❏	❏
11	Le délégué du personnel a pour mission de faire part d'une réclamation d'un salarié au regard de ses conditions de travail.	❏	❏

Réaliser un débat argumentatif

Simon a obtenu un contrat à durée indéterminée dans une banque en qualité de chargé de clientèle. Après deux semaines, il se présente avec des piercings au nez et à l'oreille. Le directeur le somme de retirer immédiatement ces accessoires déplacés sous peine de sanction voire de licenciement.

- Le licenciement d'un salarié pour apparence incorrecte vous parait-il justifié ?

@ Sur le Net

Un peu d'histoire

http://www.avocats.fr/les-actus/peut-toucher-au-droit-de-greve#content-area

1. Exposez les grandes étapes du droit de grève.

http://www.avocats.fr/cas-pratique/quel-est-le-droit-de-greve#content-area

2. Quelles sont les conditions requises pour qualifier un mouvement de grève de licite ?

Exploiter une documentation juridique

MÉTHODOLOGIE
VOIR FICHES 9 ET 10

CAS LE DROIT DE GRÈVE DANS LE TRANSPORT AÉRIEN

Élève en classe de terminale STMG, vous participez à l'élaboration du journal du lycée. Ce mensuel vise à présenter les faits marquants de l'actualité juridique et économique. Les dernières grèves dans le domaine du transport aérien retiennent toute votre attention. Vous envisagez de rédiger un article visant à dresser un point de situation au regard des dernières dispositions juridiques en la matière.

- Exposez votre travail à l'ensemble de vos camarades de classe.

DOCUMENT 1 Feu vert à la réforme de l'exercice du droit de grève dans les aéroports

[...] Dans leur décision (DC n° 2012-650) du 15 mars 2012, les Sages du Conseil constitutionnel ont déclaré conforme à la Constitution la loi qui leur était soumise pour contrôle de constitutionnalité. D'une part, le Conseil constitutionnel a relevé que « *le législateur avait entendu mettre en place un dispositif permettant l'information des entreprises de transport aérien ainsi que de leurs passagers* » afin, notamment, d'**assurer le bon ordre et la sécurité des personnes** dans les aérodromes et, par suite, la **préservation de l'ordre public** qui est « *un objectif de valeur constitutionnelle* ». Par ailleurs, l'obligation de déclaration préalable, avant toute participation à une grève, instituée par les dispositions de la loi déférée, pèse sur les seuls salariés « *dont l'absence est de nature à affecter directement la réalisation des vols* », ce qui n'est pas disproportionné par rapport à l'objectif poursuivi. [...]

© 2012 Net-iris.fr, le 16 mars 2012.

DOCUMENT 2 Publication de la loi du 19 mars 2012 relative au droit de grève dans le transport aérien

[...] En cas de grève et pendant toute la durée du mouvement, les **salariés** dont l'absence est de nature à affecter directement la réalisation des vols **informent**, au plus tard **48 heures avant de participer à la grève**, le chef d'entreprise ou la personne désignée par lui de leur intention d'y participer. [...] Sera **passible d'une sanction disciplinaire**, le salarié qui n'aura pas informé son employeur de son intention de participer à la grève dans les nouvelles conditions. De même, une sanction disciplinaire pourra être prise à l'encontre du salarié qui, de façon répétée, n'a pas informé son employeur de son intention de renoncer à participer à la grève ou de reprendre son service.

© 2012 Net-iris.fr, le 20 mars 2012.

DOCUMENT 3 Grève à l'aéroport

La longue attente des voyageurs.

Les libertés individuelles et collectives des salariés

Le droit du travail

reconnaît aux salariés

Des **libertés individuelles** exercées par une personne

dont

Respect de la vie personnelle
Tout salarié y a droit sur son lieu de travail et pendant son temps de travail.

et

Respect de la liberté d'expression
Sauf abus, le salarié en jouit, dans l'entreprise et en dehors.

= limites du pouvoir de l'employeur

Des **libertés collectives** exercées par plusieurs personnes

dont

Droit de grève

Conditions d'exercice
- cessation collective et totale
- volonté commune
- revendications professionnelles

Conséquences
- suspension du contrat
- non rémunération
- une seule faute lourde entraîne le licenciement

Des libertés individuelles et collectives protégées

Les représentants du personnel
- syndicats
- délégués du personnel

MOTS-CLÉS

- Libertés individuelles
- Vie privée
- Liberté d'expression
- Libertés collectives
- Droit de grève
- Représentants du personnel
- Syndicats
- Délégué du personnel

Chapitre 6 La rupture du contrat de travail

Thème 7
Comment le droit encadre-t-il le travail salarié ?

Notions abordées

- → Les types de rupture.
- → La procédure de licenciement.
- → La protection du salarié en cas de licenciement.

Objectifs

- → Distinguer démission, rupture conventionnelle et licenciement.
- → Identifier les règles de procédure du licenciement.
- → Comprendre l'intérêt du délai de préavis et des indemnités de licenciement.

Question de confiance !

À l'insu de son employeur, M. X a fait faire un double des clés du cabinet d'avocat pour lequel il travaille afin de s'y rendre pendant la fermeture estivale, en l'absence de l'employeur et sans son autorisation.
Il a, de plus, emporté l'intégralité du dossier d'une cliente du cabinet, qui avait décidé de changer d'avocat, pour le lui rendre.
La Cour de cassation, dans un arrêt du 31 octobre 2012, a retenu que ce comportement justifiait un licenciement pour faute grave.

1 **Précisez les fautes commises par le salarié.**

2 **En quoi ces fautes peuvent-elles être qualifiées de grave et justifier un licenciement ?**

3 **Pensez-vous que la perte de confiance puisse toujours constituer un motif de licenciement ?**

1 Quels types de rupture existe-t-il ?

MISE EN SITUATION

Felipe travaille depuis 3 ans en CDI dans une entreprise de production de lait. Lors d'un entretien, son patron lui reproche d'avoir fumé dans l'enceinte de l'entreprise. Il lui a indiqué son intention de le licencier pour faute. Cependant Felipe nie cette version des faits. Perturbé par cette injustice, il ne retourne pas travailler les jours suivants et reçoit une lettre de son employeur l'informant que compte tenu de son absence, il prend acte de sa démission.

1. Expliquez si la faute invoquée justifie un licenciement.
2. Précisez si l'absence de Felipe autorise l'employeur à le considérer comme démissionnaire.
3. Présentez la procédure à respecter par l'employeur pour se séparer de son salarié.
4. Indiquez si Felipe pourra éviter un licenciement.

A À l'initiative du salarié

Ressource 1 La démission

La démission permet au salarié de rompre son contrat de travail à durée indéterminée de sa propre initiative, à condition de manifester clairement sa volonté de démissionner et de respecter le délai de préavis éventuellement prévu.
Le Code du travail ne prévoit aucune forme particulière pour présenter sa démission : elle peut être verbale, écrite <u>ou résulter d'un comportement sans ambiguïté du salarié</u> (ce qui n'est pas le cas, par exemple, de la seule absence du salarié à son poste de travail ou de l'absence de reprise du travail à l'issue des congés payés).
Toutefois, pour éviter les contestations sur l'intention même de démissionner ou sur la date de la fin du contrat de travail, le salarié a intérêt à remettre sa démission par écrit […]. L'écrit permet également de définir le début du préavis.

Fiche pratique « Démission », © Ministère du Travail, de l'Emploi, de la Formation professionnelle et du Dialogue social, 2012.

1. Proposez une définition juridique de la démission.
2. Expliquez le passage souligné.
3. Précisez l'intérêt d'un délai de préavis.

B À l'initiative de l'employeur

Ressource 2 Le licenciement

Le licenciement est la mesure par laquelle, agissant d'une manière unilatérale, un employeur met fin au contrat de travail d'un salarié. […]
En dehors des cas où il est prononcé à titre individuel et pour des motifs disciplinaires, le licenciement peut être collectif et se trouver fondé sur des raisons économiques […]. Le salarié licencié reçoit une [allocation d'aide au retour à l'emploi (ARE)] qui lui est versée par [Pole Emploi], auquel le travailleur démissionnaire ne peut prétendre.

Dictionnaire du droit privé de Serge Bredo, www.dictionnaire-juridique.com, 2012.

1. Précisez la différence entre le licenciement et la démission et sa conséquence.
2. Recherchez les différentes sortes de licenciements évoquées dans ce texte.

Ressource 3 La cause réelle et sérieuse

Une cause du licenciement, pour être valable, doit être <u>réelle</u> et <u>sérieuse</u>. C'est-à-dire que le licenciement doit reposer sur des faits objectifs, vérifiables et suffisamment graves pour nécessiter un licenciement. Le salarié peut contester ces motifs devant le conseil de prud'hommes.

CE QUE DIT LE CODE

Article L. 1232-1 du Code du travail : Tout licenciement pour motif personnel est motivé dans les conditions définies par le présent chapitre. Il est justifié par une cause réelle et sérieuse.

Article L. 1233-2 du Code du travail : Tout licenciement pour motif économique est motivé dans les conditions définies par le présent chapitre. Il est justifié par une cause réelle et sérieuse.

1. Déterminez le sens des mots soulignés.
2. Indiquez si une cause réelle et sérieuse est nécessairement une faute.
3. Précisez qui validera le caractère réel et sérieux de la cause du licenciement, en cas de litige.

Ressource 4 Les types de fautes

Licenciement pour faute simple

C'est le niveau le plus bas dans la faute. Ex. : absences répétées, erreurs de caisses.

Licenciement pour faute grave

La faute nécessite de se séparer immédiatement du salarié du fait des troubles ou pertes qu'elle a engendrés. Ex. : abandon de poste, harcèlement sexuel, actes d'insubordination. Le salarié licencié ne réalise pas de préavis et ne perçoit pas d'indemnités.

Licenciement pour faute lourde

La faute lourde établit l'intention de nuire à l'entreprise : détournement de fonds, création d'une entreprise concurrente. Ici encore, le salarié n'a droit ni au préavis, ni aux indemnités, ni même à l'indemnité compensatrice de congés payés.

Précisez le rôle d'une telle graduation.

C Le cas de la rupture conventionnelle

Ressource 5 Une nouvelle voie depuis 2005

La loi [du 25 juin 2005] « portant modernisation du marché du travail » précise que l'employeur et le salarié peuvent convenir d'un commun accord des conditions de la rupture du contrat de travail qui les lie.
<u>La rupture conventionnelle est exclusive du licenciement ou de la démission</u> ; elle ne peut être imposée par l'une ou l'autre des parties.
La convention de rupture définit les conditions de cette rupture, notamment le montant de « l'indemnité spécifique de rupture conventionnelle » qui sera versée au salarié. Ce montant ne peut pas être inférieur à celui de l'indemnité légale de licenciement.

À NE PAS CONFONDRE AVEC

Le départ négocié
En dehors de tout litige, lorsque le salarié et l'employeur sont d'accord pour rompre le contrat de travail, ils peuvent conclure un accord de départ négocié. Ce n'est ni une démission, ni un licenciement. Ce départ négocié n'ouvre droit à aucune indemnité ni aux allocations chômage pour le salarié.

La transaction
Si un litige survient entre l'employeur et le salarié à l'occasion de la rupture du contrat de travail, [...] l'employeur et le salarié peuvent choisir de régler leur différend par une transaction. Ils renoncent alors à toute contestation ultérieure devant le conseil de prud'hommes.

1. Précisez le sens du passage souligné.
2. Proposez une définition de la rupture conventionnelle.
3. Distinguez rupture conventionnelle, départ négocié et transaction.

2 Comment la loi protège-t-elle le salarié lors d'un licenciement ?

MISE EN SITUATION

Zoé est employée en CDI dans une entreprise de maintenance informatique. Hier, parce que son collègue refusait de l'aider lors d'une intervention délicate, elle s'est fâchée et l'a traité de « pauvre incompétent » devant les employés présents dans l'entreprise cliente. Son collègue s'étant plaint, leur patron vient de lui exprimer son mécontentement en la congédiant sur-le-champ. Il lui a interdit de remettre les pieds dans l'entreprise et précise qu'elle recevra sa lettre de licenciement pour faute dans la semaine.

Justifiez si, dans ces circonstances, son patron a le droit de procéder ainsi.

Ressource 6 Procédure de licenciement pour motif personnel

L'employeur qui envisage de licencier un salarié pour motif personnel doit respecter la procédure légale prévue en matière de licenciement. [...]

1) **Convocation par lettre** : L'employeur convoque le salarié à un entretien préalable au licenciement par lettre recommandée avec demande d'avis de réception ou remise en main propre contre décharge [...].

2) **Entretien préalable** : L'entretien ne peut avoir lieu moins de 5 jours ouvrables après la présentation de la lettre recommandée de convocation ou de sa remise en main propre. [...] Au cours de l'entretien, l'employeur doit exposer les motifs du licenciement envisagé, et recueillir les explications du salarié. [...] Le salarié peut se faire assister par une personne de son choix appartenant au personnel de l'entreprise, [ou] par un conseiller. [...]

3) **Lettre de licenciement** : Le licenciement doit être notifié au salarié par lettre recommandée avec accusé de réception, au moins 2 jours ouvrables après la date de l'entretien. [...] La lettre doit énoncer avec précision le ou les motifs du licenciement [...]. L'absence de motifs dans la lettre ou leur manque de précision rend le licenciement sans cause réelle et sérieuse. [...]

« Procédure en cas de licenciement pour motif personnel », © Service-public.fr, 2012.

1 Précisez l'importance des délais dans cette procédure.

2 Expliquez le passage souligné.

Ressource 7 Procédure de licenciement pour motif économique

L'employeur doit respecter les mêmes formalités que celles du licenciement pour motif personnel, mais il doit aussi informer la direction départementale du travail et de l'emploi. On distingue :

1) le licenciement individuel pour motif économique ;

2) le licenciement de 2 à 9 salariés sur une période de 30 jours. L'employeur doit en plus informer les délégués du personnel ou le CE ;

3) le licenciement de 10 salariés et plus sur une période de 30 jours. Si l'entreprise possède un CE, la convocation à un entretien préalable n'est pas obligatoire. L'employeur, lors de deux réunions au moins avec le CE ou les délégués du personnel, doit présenter un plan de sauvegarde de l'emploi (PSE) dans le but d'éviter les licenciements ou, à défaut, d'en limiter le nombre et faciliter le reclassement des salariés licenciés.

CE QUE DIT LE CODE

Article L. 1233-3 du Code du travail
Constitue un licenciement pour motif économique le licenciement effectué par un employeur pour un ou plusieurs motifs non inhérents à la personne du salarié résultant d'une suppression ou transformation d'emploi ou d'une modification, refusée par le salarié, d'un élément essentiel du contrat de travail, consécutives notamment à des difficultés économiques ou à des mutations technologiques.

1 Différenciez licenciement économique et pour motif personnel.

2 Commentez la phrase soulignée.

3 Précisez la particularité de cette procédure.

4 Précisez l'intérêt du plan de sauvegarde de l'emploi.

Ressource 8 Le préavis de licenciement

En cas de licenciement, la rupture du contrat n'intervient pas immédiatement après la notification du licenciement. Un délai entre la notification du licenciement et la fin du contrat de travail doit être respecté, qui constitue le préavis. Tout salarié licencié est tenu d'effectuer un préavis, sauf en cas de dispense du préavis par l'employeur ou de licenciement pour faute grave ou faute lourde.

Le salarié non dispensé de préavis continue de travailler dans l'entreprise, d'accomplir ses tâches habituelles dans les conditions de travail habituelles, et de percevoir sa rémunération (salaire, primes éventuelles...).

« Quelle est la durée d'un préavis de licenciement ? », © Service-public.fr, 2012.

1 Précisez l'utilité du préavis de licenciement pour le salarié.

2 Indiquez si, en cas de dispense de préavis, le salarié perçoit les indemnités qu'il aurait dues recevoir s'il avait exécuté son préavis.

Ressource 9 L'indemnité de licenciement

Principe

L'indemnité légale de licenciement est versée sous conditions lors de la rupture du contrat de travail.
Cette indemnité constitue un minimum auquel se substitue, si elle est d'un montant supérieur, l'indemnité prévue par la convention collective, le contrat de travail ou les usages.

Bénéficiaires

Les bénéficiaires de l'indemnité légale de licenciement sont les salariés :
- sous contrat à durée indéterminée (CDI),
- licenciés pour un motif autre qu'une faute grave ou lourde,
- et ayant au moins 1 an d'ancienneté ininterrompue au service du même employeur.

Montant de l'indemnité

L'indemnité de licenciement est calculée en fonction de la rémunération brute perçue par le salarié avant la rupture de son contrat de travail.
Son montant ne peut être inférieur à $1/5^e$ d'un mois de salaire multiplié par le nombre d'années d'ancienneté, auxquels s'ajoutent $2/15^{es}$ d'un mois de salaire par année, au-delà de 10 ans d'ancienneté. [...]

« Indemnités de licenciement », © Service-public.fr, 2012.

1 Indiquez l'indemnité de licenciement que toucherait une personne licenciée au bout de 12 ans d'ancienneté et dont le salaire serait de 2 000 euros.

2 Précisez les cas dans lesquels l'indemnité de licenciement n'est pas versée.

Activités

✔ Vrai ou faux ?

Répondez par vrai ou faux aux propositions suivantes.

	VRAI	FAUX
1 Seuls le licenciement et la démission permettent de rompre un contrat de travail.	❑	❑
2 Un licenciement individuel est nécessairement un licenciement pour motif personnel.	❑	❑
3 La démission dispense le salarié du délai de préavis.	❑	❑
4 Le départ négocié n'ouvre pas droit à l'allocation-chômage.	❑	❑
5 Un licenciement collectif est forcément un licenciement pour motif économique.	❑	❑
6 Tout licenciement doit être justifié par une cause réelle et sérieuse.	❑	❑
7 Un licenciement individuel doit être justifié obligatoirement par une faute.	❑	❑
8 Quelle que soit la faute, le salarié ne perd jamais ses indemnités chômage.	❑	❑
9 Le salarié licencié doit toujours être convoqué à un entretien préalable.	❑	❑
10 L'indemnité de licenciement n'est pas due en cas de faute grave ou lourde.	❑	❑

@ Sur le Net

Comment procéder à une rupture conventionnelle ?

Christine Robat, expert SVP en RH, répond à une DRH qui souhaite proposer une rupture conventionnelle à un salarié. [...] L'expert revient sur la procédure et les points importants à étudier pour signer une rupture conventionnelle.

http://www.youtube.com/watch?v=EmMZrCcshMc&feature=related

- Relevez les principales étapes de la procédure de mise en œuvre d'une rupture conventionnelle.

? Le bon choix

Cas 1 : Kim Thoa travaille depuis 15 ans dans la même entreprise en France et doit se rendre au Vietnam, son pays d'origine, pour des raisons familiales et pour une longue durée, au moins un an. Elle doit quitter son emploi en France.
Quelle solution lui proposeriez-vous ?

❑ La démission
❑ Le départ négocié
❑ La rupture conventionnelle

Cas 2 : Norman en CDI depuis 4 ans vient d'être licencié pour faute grave.
Quelle(s) indemnité(s) ne touchera-t-il pas ?

❑ Indemnités de préavis
❑ Indemnités de licenciement
❑ Indemnités de congés payés
❑ Indemnités chômage

Cas 3 : Gabriel estime qu'il vient d'être licencié sans cause réelle et sérieuse par son employeur.
Devant quelle instance pourra-t-il contester son licenciement ?

❑ Le tribunal de Grande Instance
❑ Le comité d'entreprise
❑ Le conseil de prud'hommes
❑ La direction départementale du travail et de l'emploi

Cas 4 : Anouk en CDI depuis 11 mois vient d'être licenciée individuellement pour motif économique.
Quelles sont les obligations de son employeur à son égard ?

❑ La convoquer à un entretien préalable
❑ Lui accorder un délai de préavis
❑ Lui verser une indemnité de licenciement

Développer une argumentation juridique

MÉTHODOLOGIE
VOIR FICHE 6

CAS VOL ET CAUSE RÉELLE ET SÉRIEUSE DE LICENCIEMENT

Sylvain Renguet travaille depuis 9 ans en tant que chef de rayon « alcool » dans une grande surface. Il a débuté dans cette entreprise en tant que simple employé affecté à la mise en rayon des produits et petit à petit, il a su se faire apprécier de ses supérieurs pour accéder au poste qu'il occupe aujourd'hui. Il ne saurait expliquer son geste, mais, hier, il a subtilisé une bouteille de champagne, et a été dénoncé par un collègue qui l'avait vu la placer dans son sac à dos. Sylvain Renguet craint d'être licencié et il voudrait savoir s'il a une chance d'y échapper (ou pas) et ce qu'il risque.

- Dans une argumentation motivée, vous présenterez les solutions envisageables dans la situation de M. Renguet et vous dégagerez celle qui vous paraît la plus crédible.

DOCUMENT 1 Un vol de carburant sévèrement sanctionné

Article 311-3 du Code pénal

Le vol est puni de trois ans d'emprisonnement et de 45 000 euros d'amende.

[...] La lettre de licenciement

« [...] Par la présente, nous avons le regret de vous signifier votre licenciement pour faute grave. Les motifs invoqués [...] sont [...] les suivants :
– Vol de carburant de l'entreprise. [...]
« [...] vous avez été embauché par la société Aldis Boréhal le 10 janvier 1994, par contrat à durée indéterminée, et vous y occupez un poste de chauffeur-navette. Le vendredi 18 septembre 2006, le gardien de l'entreprise André [...] a informé qu'il vous avait vu, plusieurs soirs durant les jours précédents, remplir à la pompe à essence de l'entreprise et porter dans le coffre de votre voiture un jerrican rempli de carburant. [...]
Votre licenciement, sans indemnités de préavis ni de licenciement, prendra donc effet à compter de la date de première présentation de cette lettre à votre domicile. [...] »

La Cour de cassation

[...] « Ayant relevé que la lettre de licenciement visait plusieurs vols de carburant, la cour d'appel qui a retenu que le salarié avait à plusieurs reprises commis des vols de carburant aux dépens de l'employeur, a pu décider que le comportement de l'intéressé rendait impossible son maintien dans l'entreprise et constituait une faute grave ». [...]

G. Devers, « Comment un vol devient une cause de licenciement pour faute grave », www.lesactualitesdudroit.20minutes-blogs.fr, le 14 mai 2011.

DOCUMENT 2 Consultation juridique : vol et licenciement

[...] **1. Le vol sur le lieu de travail : une cause réelle et sérieuse de licenciement voire une faute grave**

Lorsqu'un salarié commet un vol sur son lieu de travail, il se rend coupable d'une infraction pénale. En principe, le vol commis par un salarié sur son lieu de travail constitue une cause réelle et sérieuse de licenciement, voire selon les cas une faute grave. À titre d'exemple, le fait pour un salarié d'emporter à son domicile des informations confidentielles appartenant à son entreprise, sans justification professionnelle, constitue une faute grave et rend impossible son maintien dans l'entreprise.

2. L'appréciation de la gravité du vol au regard de l'exécution du contrat de travail du salarié

Les juges ont affirmé qu'il convient d'apprécier la gravité de la faute du salarié au regard de l'exécution de son contrat de travail. Dès lors, [...] vous devez prendre en compte un certain nombre d'éléments :
– **L'ancienneté du salarié [...] ;**
– **Le caractère isolé de la faute commise par le salarié [...] ;**
– **Le préjudice que vous avez subi [...].**

« Sanctionner le vol au travail en 3 points », © Legipme.com, 2012.

La rupture du contrat de travail

1 Quels types de rupture existe-t-il ?

Démission
↓
Non présumé

Rupture conventionnelle
↓
Rupture négociée juridiquement encadrée

Licenciement
↓
- Individuel ou collectif
- Motif personnel ou économique
- Cause réelle et sérieuse

2 Comment la loi protège-t-elle le salarié lors d'un licenciement ?

Procédure de licenciement obligatoire

↓

Licenciement pour motif personnel
- Convocation à un entretien
- Entretien préalable
- Lettre de licenciement indiquant les motifs du licenciement

Licenciement pour motif économique
- Information de la direction départementale du travail et de l'emploi
- Convocation + entretien préalable
- Plan social de reclassement
- Lettre de licenciement

↓

Préavis de licenciement sauf faute grave ou lourde ou dispense

↓

Indemnités de licenciement sauf faute grave ou lourde et CDI < 1 an

MOTS-CLÉS

- Démission
- Licenciement
- Rupture conventionnelle
- Procédure de licenciement
- Indemnités de licenciement
- Conseil de prud'hommes

Chapitre 7 Liberté du commerce et loyauté de la concurrence

Notions

- Liberté du commerce et de l'industrie.
- Ordre public économique.
- Principe de loyauté de la concurrence.

Objectifs

- Identifier les règles juridiques applicables au principe de la liberté du commerce et de l'industrie.
- Mettre en évidence les limites juridiques imposées au principe de la liberté du commerce et de l'industrie.
- Identifier les règles juridiques applicables au principe de la loyauté de la concurrence.
- Repérer les conditions de mise en œuvre de l'action en concurrence déloyale.

Olivier Roussat

Xavier Niel

Bouygues Télécom réclame 100 millions à Free pour dénigrement

Jeudi 6 décembre, […] la société Bouygues Télécom a déposé […] contre Iliad-Free pour « dénigrement et concurrence déloyale ». La société réclame 100 millions d'euros à Free. […]

On se souvient surtout que lors du lancement de l'offre, Xavier Niel avait affublé ses concurrents de noms d'oiseaux, et traité leurs clients de « pigeons », déclenchant ainsi une salve d'appels furieux des clients d'opérateurs historiques vers les hotlines de ces derniers. En septembre, dans une publicité télévisée du groupe Iliad, un comédien disait : « Je ne mange pas de graines, je n'ai pas de plumes, je ne suis même pas gris, alors comment ça se fait qu'avec mon forfait mobile j'ai l'impression d'être un pigeon ? » Autant de piques qui pourraient expliquer la plainte pour « dénigrement ». […]

L. Calixte, www.challenges.fr, le 11 décembre 2012.

1 **Expliquez le reproche de Bouygues Télécom à Free.**

2 **Précisez s'il existe des règles juridiques pour éviter ce type de comportement.**

En Vidéo

La concurrence, élément clé de l'économie de marché ?
http://www.tvdma.org/#/thematiques/106/2763

1. Retrouvez la définition de la concurrence pure et parfaite.
2. Expliquez la définition d'une libre concurrence selon Nicolas Bouzou.
3. Mettez en évidence les limites au principe de la liberté du commerce et de l'industrie citées par Nicolas Bouzou.

1 Quelles sont les limites de la liberté du commerce et de l'industrie ?

MISE EN SITUATION

À la suite d'accidents et de procédures pour conduite en état d'ivresse, le préfet du Calvados a pris un arrêté prononçant la fermeture administrative d'une discothèque pour un mois. Le gérant de la discothèque envisage de déposer un recours contre la décision du Préfet devant le Tribunal administratif, afin de suspendre l'exécution de cet arrêté entrainant une perte économique importante une atteinte illégale à sa liberté d'entreprendre.

1. Qualifiez juridiquement les faits.
2. Formulez le problème de droit.
3. Identifiez la règle juridique applicable.
4. Exposez les arguments du gérant et ceux que pourrait opposer le tribunal administratif.

Ressource 1 Liberté de commerce et droit de la concurrence

Le **principe de la liberté du commerce et de l'industrie** prend sa source dans deux décrets : les **décrets d'Allarde** des 2 et 17 mars 1791. Il a été consacré, par le Conseil d'État, en tant que principe général du droit applicable même sans texte. Ce principe a pris valeur constitutionnelle suite à une décision du Conseil constitutionnel du 16 janvier 1982.

Le principe de la liberté du commerce et de l'industrie sous-tend trois autres principes :

– la **liberté d'entreprendre** : liberté d'accéder et d'exercer librement toute profession et toute activité économique de son choix ;

– la **liberté d'exploiter** : liberté qui permet à l'entrepreneur de choisir sa stratégie commerciale, ses partenaires... ;

– la **libre concurrence** : liberté d'utiliser les moyens de son choix pour capter la clientèle tout en respectant une certaine éthique.

Mais la liberté du commerce et de l'industrie n'est ni générale ni absolue, elle ne peut exister qu'en application de la loi. Ainsi, la loi peut limiter la liberté d'entreprendre en soumettant l'accès et l'exercice des activités professionnelles à des autorisations ou déclarations administratives. Elle peut aussi limiter le principe de libre concurrence afin de préserver une concurrence saine et loyale.

1. Expliquez les apports des décrets d'Allarde.
2. Montrez l'intérêt de l'encadrement de cette liberté par la loi.

Ressource 2 Des libertés encadrées par l'ordre public

Ordre public : définition, source et objectif

L'ordre public est défini comme étant l'**état social idéal** caractérisé par « le bon ordre, la sécurité, la salubrité et la tranquillité publique ». En effet, selon la source de l'ordre public, elle fixe les règles à respecter et, son non-respect est réprimé. [...]

Ordre public de direction économique

L'ordre public de direction économique est, par exemple, la taxation de certains produits de consommation. Il permet de **cadrer l'économie en vue de l'intérêt général**. [...]

Ordre public de protection sociale

L'ordre public de protection sociale tend à **assurer une équité entre les plus faibles et les plus forts**. [...] Le législateur limite donc la liberté contractuelle, surtout lorsqu'une inégalité entre les deux parties du contrat est relevée.

Geoffroy H, « Ordre public économique et social : explication », © 2009 - Infos-Emploi.fr, le 4 mai 2011.

1. Mettez en évidence l'objectif de l'ordre public.
2. Expliquez la notion de règle juridique d'ordre public.
3. Distinguez ordre public de direction et ordre public de protection.

Ressource 3 Ordre public et limitation de la liberté du commerce et de l'industrie

[…] L'autorité administrative [le Préfet] peut limiter la liberté du commerce et de l'industrie pour des motifs d'ordre public, mais par des mesures « nécessaires et proportionnées » :
« dès lors que l'exercice de pouvoirs de police administrative est susceptible d'affecter des activités de production, de distribution ou de services, la circonstance que les mesures de police ont pour objectif la protection de l'ordre public n'exonère pas l'autorité investie de ces pouvoirs de police de l'obligation de prendre en compte également la liberté du commerce et de l'industrie et les règles de concurrence ; qu'il appartient au juge de l'excès de pouvoir d'apprécier la légalité de ces mesures de police administrative en recherchant si elles ont été prises compte tenu de l'ensemble de ces objectifs et de ces règles et si elles en ont fait, en les combinant, une exacte application » (Conseil d'État 15 mai 2009 Société Compagnie des Bateaux Mouches) […]

« Liberté du commerce et de l'industrie »,
© Lexinter.net, 2012.

Avignon, 2011. Un jeune de 14 ans décède le lendemain de son dîner dans une chaîne de restaurant rapide. Le Préfet ordonne un contrôle sanitaire et la fermeture administrative de l'établissement par principe de précaution. Le restaurant est autorisé à rouvrir quelques semaines plus tard.

1 Expliquez ce qui justifie la limitation du principe de la liberté du commerce et de l'industrie par les autorités administratives.

2 Retrouvez les conditions nécessaires à cette limitation.

Ressource 4 Les limites apportées à la liberté du commerce et de l'industrie

Limites à la liberté du commerce et de l'industrie

Limites à la liberté d'entreprendre :
- Accès et exercice de certaines activités professionnelles soumises à des autorisations ou déclarations administratives.
- Interdiction ponctuelle de l'exercice de certaines activités.
- etc.

Limites à la liberté d'exploitation :
- Limite en vertu de l'article 6 du Code civil : ne pas porter atteinte à l'ordre public et aux bonnes mœurs.
- Respect des règles fiscales.
- etc.

Limites à la libre concurrence :
- Interdiction de la concurrence déloyale.
- Réglementation des ententes.
- Réglementation des concentrations.
- etc.

1 Justifiez les limites légales ou réglementaires de la LCI.

2 Proposez d'autres exemples.

2 Qu'est-ce que la loyauté de la concurrence ?

MISE EN SITUATION

En 2012 après Apple et Samsung, c'est au tour d'Yves Saint Laurent et Christian Louboutin de s'affronter devant les tribunaux outre-Atlantique. En avril, Louboutin dont les semelles rouges s'arrachent chez les stars porte plainte contre YSL pour concurrence déloyale et violation de marque commerciale. L'accusé a effectivement sorti une ligne de chaussures à semelles rouges, marque de fabrique de Louboutin.

1. Mettez en évidence le problème de droit.
2. Retrouvez-la (les) règle(s) juridique(s) applicable(s).
3. Proposez la solution argumentée qui pourrait avoir été retenue par le tribunal.

Ressource 5 La loyauté de la concurrence

La concurrence entre les entreprises doit être libre et loyale. La concurrence devient déloyale en cas d'accomplissement d'actes déloyaux de concurrence également appelés comportements anti-concurrentiels. Ces actes, destinés à détourner la clientèle d'un concurrent, sont sanctionnés. […]
Les actes déloyaux de concurrence sont le dénigrement, la désorganisation de l'entreprise concurrente ou du marché, la confusion et/ou l'imitation et le parasitisme économique.
• **Le dénigrement** : une entreprise diffuse des propos péjoratifs sur un produit, un service ou sur la prestation fournie par un concurrent. Sa finalité est de porter atteinte à l'image de marque d'une entreprise dans le but de détourner sa clientèle […]
• **La désorganisation de l'entreprise concurrente ou du marché** : la désorganisation de l'entreprise concurrente a pour but de nuire à l'organisation de l'entreprise mise en place par le concurrent afin de le désavantager dans l'exercice de son activité pour conquérir la clientèle. Cette désorganisation prend diverses formes. La plus fréquente est le débauchage de personnel par des procédés déloyaux (recrutement d'un salarié lié par une clause de non-concurrence…). […]
• **La confusion et/ou l'imitation** : l'imitation crée une confusion dans l'esprit de la clientèle en vue de l'attirer à soi. […]
• **Le parasitisme économique** : une entreprise s'approprie les efforts et le savoir-faire d'un concurrent sans rien dépenser (reprise du catalogue de vente d'une entreprise…). Le parasitisme peut exister même en l'absence de situation de concurrence entre l'auteur du parasitisme et le parasité. […]

C. Vauthier, « La loyauté de concurrence », © Distripedie.com, le 28 septembre 2010.

Les publicités comparatives sont souvent taxées de dénigrement. En 1995, la justice a reconnu pour la première fois que ce type de publicité pouvait induire en erreur.

1. Distinguez la concurrence loyale de la concurrence déloyale.
2. Donnez des exemples d'actes constitutifs de concurrence déloyale.

Ressource 6 Les conditions de mise en œuvre et les sanctions

[…] Traditionnellement, l'action [en concurrence déloyale] est exercée sur le fondement de la responsabilité délictuelle régie par les articles 1382 et 1383 du Code civil.
La mise en jeu de cet article suppose une triple condition cumulative :
- d'une part l'existence d'une faute,
- puis la survenance d'un préjudice,
- et enfin l'existence d'un lien de causalité entre la faute et le préjudice.

[…]

Quelles sont les sanctions punissant les actes de concurrence déloyale ?
Tout d'abord, les juridictions compétentes sont, selon le cas, le tribunal de commerce, le conseil des prud'hommes ou les tribunaux civils.
La sanction sera la suivante : dommages-intérêts, publication de la sanction et enfin une cessation de l'activité frauduleuse. […]

« Dans quelle mesure un acte de concurrence est-il déloyal ? », Juripole © 1996-2012 Alexis Baumann.

1 Rappelez les conditions de mise en œuvre de la responsabilité civile.

2 Recherchez un exemple répondant aux conditions de l'action en concurrence déloyale.

3 Expliquez en quoi la publication de la décision de justice peut être considérée comme une sanction.

Ressource 7 La concurrence déloyale et la contrefaçon

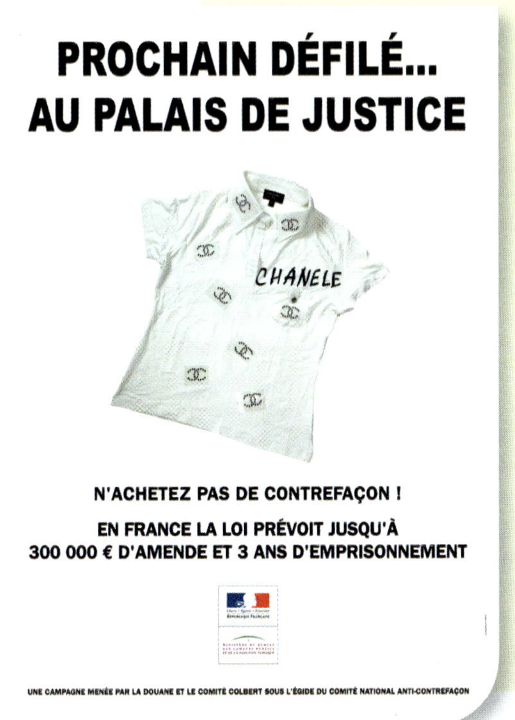

Généralement, la protection des signes distinctifs des produits contre les agissements des concurrents relève de l'action en contrefaçon de marque. En effet, l'entreprise qui souhaite protéger les signes distinctifs apposés sur ses produits dépose une marque auprès de l'Institut National de la Propriété Intellectuelle (INPI).
L'entreprise agira alors en contrefaçon de marque, en application des articles L. 716-1 et suivants du Code de la propriété intellectuelle dès lors qu'un concurrent viendrait à imiter ce signe.
Cependant, lorsque aucun dépôt de marque n'a été effectué, la question se pose de la mise en œuvre de l'action en concurrence déloyale en cas d'imitation ou de reproduction des signes distinctifs des produits. En dehors de toute protection par le droit des marques, la liberté du commerce et de l'industrie justifie une liberté de reproduction des signes. Toutefois, la jurisprudence accepte de faire droit à une action en concurrence déloyale dès lors qu'est démontré un risque de confusion dans l'esprit de la clientèle, ce risque étant là aussi apprécié par rapport à un consommateur d'attention moyenne. […]

« 2.1 L'imitation des signes distinctifs / des produits d'un concurrent », www.concurrence-deloyale.info, 2012.

1 Différenciez l'action en concurrence déloyale de l'action en contrefaçon.

2 Expliquez la phrase soulignée.

3 Retrouvez l'action qui permet de protéger un signe distinctif non déposé.

Activités

Vrai ou faux ?

Répondez par vrai ou faux aux propositions suivantes.

	VRAI	FAUX
1 La liberté du commerce et de l'industrie sous-tend trois principes : la liberté d'entreprendre, la liberté d'exploiter, la libre concurrence.	❑	❑
2 Toute personne peut exercer l'activité économique de son choix sans aucune restriction.	❑	❑
3 L'ordre public économique est un ensemble de règles juridiques auxquelles personne ne peut déroger.	❑	❑
4 L'ordre public de direction a pour objectif de cadrer l'activité économique en vue de protéger l'intérêt général.	❑	❑
5 Le droit de la concurrence a pour objectif de protéger les entreprises nationales.	❑	❑
6 Une pratique commerciale contraire aux exigences de la diligence professionnelle est considérée comme déloyale.	❑	❑
7 L'action de concurrence déloyale doit être portée devant un tribunal civil.	❑	❑
8 L'action en concurrence déloyale et en contrefaçon sont une et même action.	❑	❑
9 L'action de concurrence déloyale nécessite une faute, un préjudice et un lien de causalité entre la faute et le dommage.	❑	❑
10 La sanction pour concurrence déloyale ne peut être que des dommages et intérêts.	❑	❑

@ Sur le Net

Envoyé Spécial « Les nouveaux visages de la contrefaçon »

http://www.dailymotion.com/video/x6yxhh_envoye-special-les-nouveaux-visages_news?fbc=959

1. Rappelez la définition de la contrefaçon.
2. Retrouvez les risques pour le consommateur.
3. Précisez les instances compétentes pour déceler la contrefaçon.

Réaliser un débat argumenté

Trois Français, ayant travaillé à Londres, ont rapporté dans leur valise un nouveau concept de location de voiture avec chauffeur, activité dite services de voitures de tourisme avec chauffeurs (VTC). Leur entreprise s'appelle « Les Voitures Jaunes ». Ce service ne se hèle pas dans la rue mais est disponible très rapidement par pré-commande via le site, la hotline 24 h/24 et une application smartphone. Ce nouveau service ne ravit pas les syndicats de taxi qui crient à la concurrence déloyale. En effet, si l'activité de VTC ne nécessite qu'une simple immatriculation auprès du ministère du Tourisme, les taxis sont eux soumis à une réglementation bien plus lourde : achat d'une licence (environ 200 000 €), contraintes de tarification, d'assurance, etc...

Voir l'article sur le sujet sur http://www.rue89.com/rue89-eco/2012/10/18/les-voitures-jaunes-concurrence-frontale-aux-taxis-paris-236250

Vous proposerez les arguments juridiques pouvant être développés par les syndicats de taxi concernant l'existence d'une concurrence déloyale et ceux de leur opposant, l'entreprise « Les Voitures Jaunes ».

MÉTHODOLOGIE VOIR FICHE 7

Résoudre un cas pratique

CAS QUELLE TOUR D'ARGENT ?

La Tour d'Argent, situé à Paris Ve, est un restaurant de luxe, bénéficiant d'une notoriété prestigieuse et internationale devenu un véritable signe distinctif du fait de son usage ininterrompu depuis le XVIe siècle. La société « La Tour d'Argent » a déposé les 28 juin 1963, 28 octobre 1966 et 28 janvier 1972 les marques et graphisme « La Tour d'Argent » avec déclaration d'usage antérieur.

En 1932, le propriétaire du restaurant de luxe « La Tour d'Argent » a conclu avec la Compagnie parisienne de restauration, propriétaire d'un restaurant-brasserie, place de la Bastille dans le XIe arrondissement de Paris, un protocole d'accord autorisant ce dernier à utiliser l'enseigne « La tour d'argent ».

En 1985, suite à la rénovation du quartier de la Bastille, le restaurant brasserie « La tour d'argent » fait l'objet d'une expropriation et d'une destruction. Après la construction de l'Opéra Bastille, la Compagnie parisienne de restauration reconstruit, place de la Bastille, un restaurant dit luxe dénommé « La tour d'argent ».

Le propriétaire de *La Tour d'Argent* considère qu'il est victime de concurrence déloyale.

1. Présentez les arguments juridiques utilisables par le restaurant de luxe *La Tour d'Argent* démontrant la concurrence déloyale.
2. Présentez les arguments juridiques utilisables par le restaurant de la Bastille pour se défendre.
3. Proposez la solution que pourrait avoir retenue la Cour de cassation.

DOCUMENT 1 **Une pratique déloyale, le parasitisme**

Notion de parasitisme

Le parasitisme est un acte de concurrence déloyale commis par le commerçant qui cherche à s'approprier indûment la réputation ou le savoir-faire d'un concurrent en créant une confusion dans l'esprit de sa clientèle avec la marque ou les produits parasités.

L'auteur d'un ouvrage sur la protection et la valorisation des marques, M. Saint-Gal, définit quant à lui le parasitisme comme « le fait de se référer, sans s'adresser à la même clientèle, à une marque ou à toute autre forme de propriété intellectuelle créée par un tiers et particulièrement connue à l'effet de tirer profit de sa renommée ».

Sanction du parasitisme

De manière générale, le parasitisme sanctionne toute situation déloyale par laquelle un opérateur économique s'immisce dans le sillage d'un autre afin de tirer profit de ses efforts, cela, sans bourse délier et capte ainsi les fruits du parasité.

Lorsque le parasitisme est retenu par les juges, la victime peut obtenir des dommages et intérêts pour atteinte à sa réputation, voire même pour affaiblissement du pouvoir attractif de son entreprise.

« Parasitisme », © Lawperationnel, 2012 - Tous droits réservés.

Liberté de commerce et loyauté de la concurrence

1 Quelles sont les limites de la liberté du commerce et de l'industrie ?

La liberté du commerce et de l'industrie (décrets d'Allarde des 2 et 17 mars 1791)

Principes	**Liberté d'entreprendre** Liberté d'accéder et d'exercer librement.	**Liberté d'exploiter** Liberté de choisir sa stratégie, ses partenaires…	**Libre concurrence** Liberté de moyens dans le respect d'une éthique.
Limites du droit	Limitations à l'accès de certaines professions ou activités économiques.	– Règles de **non atteinte à l'ordre public** et **aux bonnes mœurs.** – Règles d'exploitation de l'activité économique.	Le droit de la concurrence condamne les comportements anticoncurrentiels et déloyaux.

2 Qu'est-ce que la loyauté de la concurrence ?

Dénigrement | Désorganisation (entreprise ou marché) | Parasitisme économique | Confusion et/ou imitation

= **Comportements anticoncurrentiels**

punis par

Action en concurrence déloyale (articles 1382 et 1383 du Code civil)

→ **Les conditions**
- Une faute,
- Un préjudice,
- Un lien de causalité entre les deux.

→ **Les sanctions**
- Dommages et intérêts,
- Publication de la condamnation,
- Arrêt du trouble.

MOTS-CLÉS

- Liberté du commerce et de l'industrie
- Ordre public économique
- Principe de loyauté de la concurrence
- Concurrence déloyale
- Parasitisme
- Désorganisation
- Dénigrement

Chapitre 8 Les pratiques anticoncurrentielles et restrictives de la concurrence

Thème 8
Comment le droit organise-t-il l'activité économique ?

Notions abordées

- Pratiques anticoncurrentielles : entente, abus de position dominante.
- Pratiques restrictives de la concurrence : rupture de la relation commerciale, revente à perte.

Objectifs

- Identifier les pratiques anticoncurrentielles.
- Repérer les sanctions des pratiques anticoncurrentielles.
- Identifier les pratiques restrictives de la concurrence.
- Repérer les sanctions des pratiques restrictives de la concurrence.

1 **Expliquez ce qui semble étonner l'utilisateur du téléphone.**

2 **Identifiez la méthode utilisée.**

3 **Pensez-vous que cette méthode soit licite ?**

En Vidéo

Les pratiques anticoncurrentielles par Michel Debroux
http://www.tvdma.org

1. Identifiez les pratiques anticoncurrentielles présentées par M. Debroux.
2. Mettez en évidence les différences entre les deux pratiques présentées.
3. Montrez en quoi ces pratiques sont des atteintes à la concurrence.

1 Quelles sont les pratiques anticoncurrentielles ?

A L'entente

MISE EN SITUATION

Sur les marchés de la vente d'aliments secs pour chiens et pour chats dans la distribution spécialisée, les groupes Nestlé (Purina), Mars (Royal Canin) et Colgate-Palmolive (Hill's Pet Nutrition) ont pendant 5 ans, de 2004 à 2008, conclu un accord avec leurs grossistes sur les prix de revente des produits, des exclusivités territoriales ou encore de clientèle.
Une action a été déposée devant l'Autorité de la concurrence.

1. Retrouvez le problème de droit.
2. Proposez la règle juridique applicable.
3. Proposez la solution argumentée qui sera, selon vous, retenue par l'Autorité de la concurrence.

Ressource 1 La notion d'entente

Les « ententes » sont des actions concertées entre plusieurs entreprises. Ce type de convention est prohibé lorsqu'il a pour finalité de fausser le jeu de la concurrence et de faire obstacle à la fixation du prix qui doit s'établir par le seul jeu de l'offre et de la demande, qu'il a pour effet de limiter ou de contrôler la production, les investissements ou le progrès technique, ou encore lorsqu'il parvient à répartir les marchés entre les entreprises qui sont parties à cet accord ou les ressources des approvisionnements destinés aux signataires de l'entente.

Dictionnaire du droit privé de Serge Braudo, www.dictionnaire-juridique.com, 2012.

1. Expliquez la notion d'entente.
2. Relevez les cas dans lesquels l'entente est interdite.
3. Proposez un exemple pour chacun d'eux.

Ressource 2 Les exemptions

[…] Dans le principe, toute pratique ayant un objet ou pouvant avoir un effet anticoncurrentiel (entente ou abus de position dominante) doit être sanctionnée. Néanmoins, le Code de commerce prévoit des exemptions à l'article L. 420-4. Les pratiques anticoncurrentielles peuvent être exemptées lorsqu'elles :
– « résultent de l'application d'un texte législatif ou d'un texte réglementaire pris pour son application ;
– ont pour effet d'assurer un progrès économique, y compris par la création ou le maintien d'emplois, et réservent aux utilisateurs une partie équitable du profit qui en résulte, sans donner aux entreprises intéressées la possibilité d'éliminer la concurrence pour une partie substantielle des produits en cause ».
L'exemption des pratiques appartient *in fine* [à l'Autorité] de la concurrence, autorité seule autorisée à les qualifier. [L'Autorité] vérifie strictement si les conditions d'exemption sont remplies, c'est-à-dire si le ou les auteurs des pratiques peuvent justifier de leur nécessité et de leur proportionnalité au but recherché. À ce titre, la charge de la preuve du progrès invoqué incombe à ceux qui en invoquent le bénéfice. Par exemple, pour apprécier la contribution de la pratique anticoncurrentielle au progrès économique, [l'Autorité] procède à un bilan économique coûts/avantages. Toutefois, la seule constatation d'un progrès économique n'est pas suffisante pour bénéficier de l'exemption. Les demandeurs doivent également démontrer que les trois autres conditions posées par le texte sont remplies, c'est-à-dire que :
– le progrès bénéficie aux utilisateurs, c'est-à-dire à la collectivité ;
– l'atteinte à la concurrence est nécessaire pour parvenir à ce progrès ;
– la restriction de concurrence est proportionnée à l'objectif recherché et n'élimine pas la concurrence sur une partie substantielle du marché en cause. […]

« Luttes contre les pratiques anticoncurrentielles », *Note bleue de Bercy*, n° 262, Ministère de l'Économie et des Finances, 2012.

1. Précisez les raisons qui peuvent justifier l'existence d'une entente.
2. Expliquez le rôle de l'Autorité de la concurrence en matière d'entente.

Ressource 3 Une entente sanctionnée

L'Autorité de la concurrence française a infligé aujourd'hui de lourdes amendes d'un montant total de 242,4 millions d'euros à des producteurs de farine français et allemands accusés d'ententes illicites, selon une décision mise en ligne aujourd'hui. Dans le détail, sept meuniers français ont écopé d'une amende de 146,9 millions d'euros pour s'être entendus sur les prix et la production en France. Un cartel de 13 meuniers français et allemands, dont France Farine (marque Francine), a été condamné à 95,5 millions d'euros d'amende pour avoir limité les importations de farine entre les deux pays. [...]

Selon le communiqué de l'Autorité de la concurrence, *« les éléments du dossier ont permis d'établir que les meuniers français et allemands ont conclu entre eux un pacte de non-agression mutuelle dont l'objet était de limiter l'accès réciproque à leurs marchés nationaux respectifs et à maîtriser les exportations franco-allemandes de farine en sachets en les maintenant à un niveau déterminé par avance (15 000 tonnes). »*

L'autorité précise également que les meuniers français et allemands *« se sont réunis à plusieurs reprises (douze réunions) afin de fixer les modalités de cet accord. De plus, de manière plus ponctuelle, ils se sont réparti certains clients présents sur le territoire français et ont convenu des principes de lissage de prix de la farine en sachets importée en France, aux fins de s'assurer du respect du quota convenu. »*

La durée de l'infraction a pu être établie pour 6 ans, de 2002 à 2008.

« Farine : amende de 242,4 M€ pour entente », © AFP, le 13 mars 2012.

Francine bien présente dans les rayons français, peu en Allemagne. Entre 2002 et 2008, les meuniers des 2 pays ont conclu un pacte de non-agression mutuelle, limitant l'accès à leurs marchés nationaux.

1 Retrouvez les faits constitutifs de l'entente.

2 Justifiez pourquoi on peut dire qu'il s'agit d'une entente horizontale.

3 Proposez un exemple d'entente verticale.

Ressource 4 Le gendarme du marché

Spécialisée dans l'analyse et la régulation de la concurrence sur l'ensemble des marchés, l'Autorité de la concurrence est, en France, l'institution chargée de garantir le respect de l'ordre public économique.

L'Autorité de la concurrence exerce, [...] une action répressive à l'encontre des pratiques anticoncurrentielles et intervient, de sa propre initiative ou à la demande de plaignants, dès que la concurrence est faussée sur un marché, quels que soient l'activité concernée ou le statut, privé ou public, des opérateurs.

L'Autorité peut prononcer des mesures d'urgence, des injonctions, des sanctions pécuniaires et accepter des engagements. Elle n'a en revanche pas vocation à réprimer les pratiques commerciales déloyales, qui relèvent de la compétence du juge judiciaire. [...]

L'Autorité intervient dans le cadre d'une législation tant nationale (livre IV du Code de commerce) que communautaire (articles 101 et 102 du traité FUE, ex-articles 81 et 82 du traité CE).

« Missions », © Autorité de la concurrence, mars 2009.

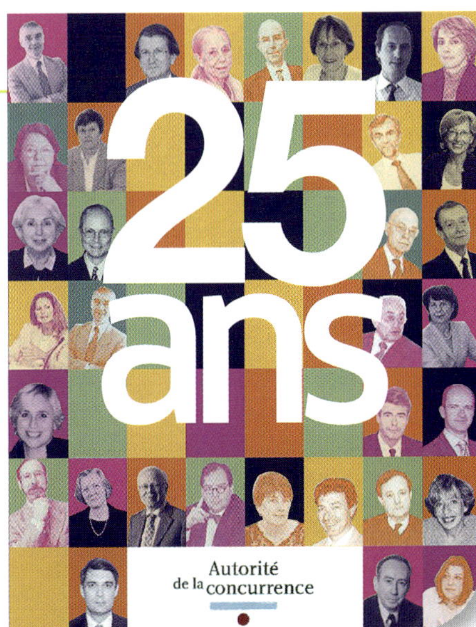

1 Présentez la mission de cette institution.

2 Rappelez la notion de pratiques commerciales déloyales.

3 Relevez les sanctions possibles.

B L'abus de position dominante

MISE EN SITUATION

Le forfait Open d'Orange, une atteinte à la concurrence ?

En janvier 2012, l'UFC-Que Choisir saisissait l'Autorité de la concurrence : « la société Orange étant en position dominante sur le marché de l'accès à des offres haut débit multiservices, les conditions de l'offre Open accroissent encore davantage la sclérose concurrentielle du marché des télécommunications [...] Il résulte de ces différentes modalités commerciales d'Orange Open que les consommateurs se trouvent verrouillés dans la durée et que leurs coûts de sortie augmentent très fortement. »

La plainte était suivie par SFR et Bouygues Télécom. Ils considèrent que le contrat entre Orange et ses clients rend plus difficile un désengagement, mais également la possibilité pour la concurrence de s'aligner sur le prix (à cause du dégroupage).

1. Qualifiez juridiquement les faits.
2. Retrouvez le problème de droit.
3. Proposez la règle juridique applicable.
4. Proposez la solution argumentée qui sera, selon vous, retenue par l'Autorité de la concurrence

Ressource 5 Les composantes de l'abus de position dominante

En 2007, Microsoft avait abusé de sa position dominante (au sens de l'article 82 du traité CE). Il lui était reproché de ne pas avoir divulgué, en temps et en heure, des informations sur le Workgroup Server de Windows auprès des concurrents.

L'abus de position dominante ou exploitation abusive de position dominante, est l'une des deux pratiques prohibées par l'article L. 420-2 du Code de commerce [...]. Cette infraction relève également du droit communautaire de la concurrence en cas d'affectation du commerce intracommunautaire. [...]

Régime juridique

[...] Pour qu'il y ait abus de position dominante au sens de l'article L. 420-2, trois conditions doivent être réunies :

– l'existence d'une position dominante,

– une exploitation abusive de cette position

– et un objet ou un effet restrictif de concurrence sur un marché. [...]

« Abus de position dominante », © DGCCRF, 2012.

1. Citez les conditions nécessaires à l'abus de position dominante.
2. Indiquez les instances compétentes pour statuer.

Ressource 6 L'existence d'une position dominante

[...] La notion de position dominante n'est pas définie par les textes.
Cependant, la jurisprudence a consacré une définition élaborée par les autorités et juridictions communautaires :
« la position dominante concerne une position de puissance économique détenue par une entreprise, qui lui donne le pouvoir de faire obstacle au maintien d'une concurrence effective sur le marché en cause en lui fournissant la possibilité de comportements indépendants dans une mesure appréciable vis-à-vis de ses concurrents, de ses clients et, finalement, des consommateurs ».
La position dominante s'entendant sur un marché de produits ou de services déterminé, l'appréciation d'une telle position passe inévitablement par une définition préalable du marché pertinent, ce qui impose de mesurer le degré de substituabilité des produits ou services susceptibles de constituer ledit marché.

Le simple constat de la forte part de marché d'une entreprise ne permet pas de conclure à lui seul à l'existence d'une position dominante.
En revanche, si l'entreprise concernée dispose d'une avance technologique telle qu'elle lui permet d'augmenter ses prix sans craindre une érosion de sa clientèle, cette entreprise peut être considérée comme étant en position dominante. Il en va de même d'une entreprise qui détient des marques d'une très forte notoriété auprès des consommateurs, au point que les distributeurs ne peuvent se passer de ces marques.

Le cas de position dominante le plus caractérisé est la position de monopole, a fortiori si cette situation n'est pas ponctuelle (cas où une entreprise est la première à intervenir sur un marché émergent), mais résulte de la difficulté pour d'autres opérateurs d'entrer sur le marché (existence de barrières de nature réglementaire, technologique ou autres...). [...]

« Abus de position dominante », © DGCCRF, 2012.

3 Montrez la complexité pour les juges d'évaluer une position dominante.

Ressource 7 Les sanctions applicables

Aux termes de l'article L. 464-2 du Code de commerce, l'Autorité de la concurrence peut prononcer des injonctions et infliger des sanctions aux auteurs des pratiques incriminées, celles-ci étant proportionnées à la gravité des faits reprochés, à l'importance du dommage causé à l'économie, à la situation de l'entreprise sanctionnée ou du groupe auquel l'entreprise appartient et à l'éventuelle réitération de pratiques. Ces sanctions sont déterminées individuellement pour chaque entreprise sanctionnée et de façon motivée pour chaque sanction.
Le montant maximum de la sanction est de 10 % du montant du chiffre d'affaires mondial hors taxes le plus élevé réalisé au cours d'un des exercices clos depuis l'exercice précédant celui au cours duquel les pratiques ont été mises en œuvre. [...]
L'abus de position dominante peut également être condamné par les juridictions de droit commun (par exemple, suite à une action en concurrence déloyale). Enfin, en vertu de l'article L. 420-6 du Code de commerce, une juridiction pénale peut être saisie et condamner toute personne physique qui aura pris une part personnelle et déterminante dans la conception, l'organisation ou la mise en œuvre des pratiques relevant de l'article L. 420-2.

« Abus de position dominante », © DGCCRF, 2012.

Le 13 mai 2009, la Commission européenne a condamné le fabricant américain de microprocesseur Intel à verser une amende de 1,06 milliard d'euros, pour abus de position dominante.

4 Relevez la sanction principale de l'abus de position dominante.

2 Quelles sont les pratiques restrictives de la concurrence ?

A La rupture de la relation commerciale

MISE EN SITUATION

En avril 2009, à la suite d'une mise en demeure effectuée par le prestataire qui reprochait à Fremantle Media d'avoir tenté de détourner son réseau de fournisseurs, la société de production avait rompu leur collaboration. Elle avait donné ordre à son prestataire de retirer les produits installés sur le plateau de *Nouvelle Star*, [...] émission diffusée sur M6 qu'elle produisait également. [...] La société lésée avait participé, de mars 2006 à avril 2009, à près de 140 éditions de l'émission animée par Valérie Damidot, qu'elle approvisionnait en objets et matériel de décoration.

« Freemantle condamné », © AFP, le 11 octobre 2012.

1. Qualifiez juridiquement les faits.
2. Formuler le problème juridique.
3. Indiquez la règle de droit applicable.
4. Proposez la solution argumentée qui sera, selon vous, retenue par le tribunal de commerce.

Ressource 8 La rupture partielle des relations commerciales

Une rupture partielle

Attendu, [...] que par une lettre datée du 21 juillet 2006, la société Electrolux a informé la société Eurelco que, souhaitant réorganiser son activité commerciale sur le marché maghrébin, elle n'exécuterait plus désormais ses commandes à destination de ce dernier ; qu'une commande du 13 juillet 2006 n'ayant pas été exécutée, les relations des parties ont été rompues ; que la société Eurelco a assigné la société Electrolux en paiement de dommages-intérêts pour rupture brutale d'une relation commerciale établie ; [...]

Vu l'article L. 442-6, I, 5° du Code de commerce ;

Attendu que pour infirmer le jugement et rejeter les demandes [...], l'arrêt énonce que la rupture partielle, sans préavis, d'une relation commerciale établie n'est fautive que si elle est suffisamment sensible ou substantielle puis retient que la société Copel distribution [Eurelco] ne démontre pas que les commandes de produits à destination du Maghreb représentaient une part significative de ses commandes à la société Electrolux ;

Attendu qu'en statuant ainsi, après avoir constaté que la société Electrolux avait privé la société Copel distribution [Eurelco] de la possibilité de revendre ses produits sur l'ensemble du marché maghrébin, la cour d'appel, qui n'a pas tiré les conséquences légales de ses constatations, a violé le texte susvisé ; [...] ;

PAR CES MOTIFS, et sans qu'il y ait lieu de statuer sur les autres griefs :

CASSE et ANNULE

Cour de cassation, chambre commerciale, le 9 octobre 2012.

BON À SAVOIR

Une arme efficace

La menace de rompre brutalement les relations commerciales peut s'avérer en pratique une arme redoutable entre les mains d'opérateurs disposant d'une forte puissance économique, tout particulièrement lors de négociations commerciales. Les effets de la crise économique placent les opérateurs les plus faibles économiquement dans une situation inconfortable pour résister aux pressions qu'ils peuvent subir. En période de crise, plus que jamais, il est difficile de prendre le risque d'un déréférencement, même partiel.

1. Expliquez en quoi la rupture des relations commerciales est partielle.
2. Mettez en évidence la brutalité de la rupture.
3. Montrez en quoi la rupture brutale est une atteinte à la concurrence.

Ressource 9 Les conditions de rupture brutale

Initialement prévu pour sanctionner les abus de puissance économique, le délit civil de rupture brutale d'une relation commerciale établie est aujourd'hui précisé. [...] Le nouvel article L. 442-6-I-5 du Code de commerce [...] édicte une véritable obligation de loyauté dans la rupture de relations commerciales établies avec un partenaire économique.

La rupture d'une relation commerciale établie

– L'existence d'une relation commerciale établie

La généralité des dispositions légales laisse entendre que la notion de « relation commerciale établie » recouvre tous les types de relations commerciales entretenues entre deux professionnels à l'exclusion des relations avec les consommateurs. [...] La jurisprudence est venue préciser la notion de « relation établie » en tenant compte notamment de la durée des relations, de leur régularité, ou du volume du chiffre d'affaires atteint.

– L'intervention d'une rupture totale ou partielle

[...] La rupture totale peut être caractérisée sans difficulté. Elle se traduit par la cessation pure et simple des commandes ou des livraisons.

La rupture partielle est, quant à elle, plus difficile à caractériser. La jurisprudence a jugé qu'une diminution effective des commandes, et, par conséquent, du chiffre d'affaires, constitue une rupture partielle brutale, sous réserve d'être substantielle. [...] La qualification de rupture partielle brutale a pour principale conséquence la prise en compte du chiffre d'affaires en tant que référence pour le calcul du préjudice subi.

La brutalité de la rupture

Au sens de l'article L. 442-6-I-5 du Code de commerce, la rupture d'une relation commerciale établie est brutale en cas de non-respect d'un préavis écrit tenant compte de la durée de la relation commerciale, etc.

La brutalité peut découler soit de l'absence de préavis écrit, soit de l'insuffisance du préavis donné.

Fiche point de vue © Mascré Heguy Associés, janvier 2009.

1 Précisez ce qu'est une relation établie.

2 Retrouvez les conditions nécessaires pour qu'une rupture devienne un délit.

Ressource 10 Les sanctions

La responsabilité délictuelle et le paiement de dommages et intérêts

Le Code de commerce impose, à la charge de celui qui souhaite mettre fin à une relation commerciale établie, une véritable obligation de loyauté dans la rupture avec son partenaire économique. L'auteur de la rupture qui manque à cette obligation commet donc une faute engageant sa responsabilité délictuelle et l'obligeant à réparer le préjudice subi.

La demande de poursuite de la relation commerciale

Le partenaire lésé peut demander la reprise des commandes ou livraisons.

À cette fin, il doit saisir soit le juge des référés en invoquant un trouble manifestement illicite, soit le juge du fond par une assignation à bref délai.

La faculté de résiliation sans préavis

L'auteur de la rupture peut être exonéré de sa responsabilité dans des cas précis. Il dispose d'une faculté de résiliation sans préavis, soit en cas d'inexécution par l'autre partie de ses obligations, soit en cas de force majeure, laquelle n'est constituée qu'en présence d'un événement imprévisible, extérieur et irrésistible.

En conclusion : En imposant à l'auteur de la rupture de relations commerciales établies, l'obligation de respecter un préavis écrit, le législateur a voulu assurer une certaine loyauté dans les relations entre partenaires économiques. Toutefois, il appartient aux juges de veiller à ce que l'esprit de ces dispositions ne soit pas détourné.

Fiche point de vue © Mascré Heguy Associés, janvier 2009.

1 Rappelez les conditions de mise en œuvre de la responsabilité délictuelle.

2 Citez les sanctions encourues en cas de rupture brutale des relations commerciales.

B La revente à perte

MISE EN SITUATION

Priceminister permet aux professionnels comme aux amateurs de vendre leurs produits sur Internet. Il joue le rôle d'intermédiaire et perçoit de ce fait une commission sur les ventes.

Deux internautes, dont l'un avait déjà été exclu de ce site, ont ouvert une boutique en ligne dans la catégorie des vendeurs professionnels, et sous le statut d'autoentrepreneur. Un autre vendeur professionnel, que nous nommerons Y., propose le même genre de produits et s'étonne des prix de vente affichés par ses concurrents. En effet, au regard du montant de la commission qu'il faut verser au site Priceminister, les prix semblent vraiment très faibles. Il souhaite faire arrêter cette pratique et compte intenter une action en justice devant le tribunal de commerce.

1. Qualifiez juridiquement les faits.
2. Formuler le problème juridique.
3. Citez la règle de droit applicable.
4. Conseillez Y. sur l'opportunité de l'action en justice.

Ressource 11 La revente à perte, une pratique discriminatoire

La revente à perte est interdite.

Le principe

Il est interdit de revendre ou d'annoncer la revente au-dessous du prix d'achat effectif, notion qui détermine le seuil de revente à perte.
Le prix d'achat effectif est le prix unitaire net figurant sur la facture d'achat, minoré du montant de l'ensemble des autres avantages financiers consentis par le vendeur exprimé en pourcentage du prix unitaire net du produit et majoré des taxes sur le chiffre d'affaires, des taxes spécifiques afférentes à cette revente et du prix du transport.
Le prix d'achat effectif ainsi défini est affecté d'un coefficient de 0,9 pour les grossistes.

Les exceptions

Il existe six exceptions à cette interdiction :

- fins de saisons ou entre deux saisons de vente ;
- obsolescence technique ou produits démodés ;
- réapprovisionnement à la baisse ;
- alignement sur un prix plus bas légalement pratiqué dans la même zone d'activité par les magasins dont la surface de vente n'excède pas 300 m^2 pour les produits alimentaires et 1 000 m^2 pour les produits non alimentaires ;
- produits périssables menacés d'altération rapide ;
- (à compter du 1er janvier 2009) produits soldés mentionnés à l'article L. 310-3. […]

« Revente à perte », © DGCCRF, 2012.

1. Expliquez ce qu'est une revente à perte.
2. Mettez en évidence les impacts que peut avoir ce genre de pratique sur la concurrence.
3. Proposez une justification de l'interdiction de la revente à perte.

Ressource 12 Décathlon sanctionné

L'article L. 442-2 du Code de commerce n'opère aucune distinction entre les opérateurs et incrimine tout commerçant qui revend un produit en l'état à un prix inférieur à son prix d'achat. Justifie dès lors sa décision la cour d'appel qui, pour déclarer une société coupable du délit de revente à perte, en écartant son argumentation prise de l'absence de vente préalable en ce que les produits étaient fabriqués sous sa marque et selon ses spécifications, en exécution d'un contrat d'entreprise, par une filiale détenue intégralement, retient, notamment, que les opérations intervenues entre ces sociétés, personnes morales distinctes, ont été comptabilisées par elles comme étant des ventes, que les produits ont été revendus sans avoir subi de transformation, à un prix inférieur au prix d'achat, et que la filiale, qui seule acquérait la matière première, n'était pas un façonnier.

Cour de cassation, Chambre criminelle, 22 novembre 2006

1 Repérez l'argumentation de la société Décathlon lors de son pourvoi en cassation.

2 Expliquez le cheminement du juge pour prononcer la condamnation de Décathlon.

Ressource 13 Les sanctions

En matière de sanctions pour revente à perte, on distingue les sanctions pénales des sanctions civiles.
Les sanctions pénales, prononcées par les tribunaux correctionnels, sont différentes s'il s'agit d'une personne physique ou d'une personne morale.
– À l'encontre d'une personne physique : la revente à perte est un délit punissable d'une amende de 75 000 € pouvant être portée à la moitié des dépenses de publicité dans le cas où une annonce publicitaire, quel qu'en soit le support, fait état d'un prix inférieur au prix d'achat effectif.
– À l'encontre d'une personne morale : la revente à perte est un délit punissable d'une amende de 375 000 €. Le tribunal peut aussi demander à ce que la décision prononcée fasse l'objet d'un affichage ou d'une diffusion soit par voie de la presse écrite, soit par tout moyen de communication audiovisuelle.
Les sanctions civiles, sous forme de dommages et intérêts, font suite à une action en concurrence déloyale pour revente à perte.

CE QUE DIT LE CODE

Article L. 442-2 du Code du commerce
Le fait, pour tout commerçant, de revendre ou d'annoncer la revente d'un produit en l'état à un prix inférieur à son prix d'achat effectif est puni de 75 000 € d'amende. Cette amende peut être portée à la moitié des dépenses de publicité dans le cas où une annonce publicitaire, quel qu'en soit le support, fait état d'un prix inférieur au prix d'achat effectif. La cessation de l'annonce publicitaire peut être ordonnée dans les conditions prévues à l'article L. 121-3 du Code de la consommation. [...]

1 Expliquez la différence entre sanctions pénales et sanctions civiles.

2 Rappelez la base juridique de l'action en concurrence déloyale.

Activités

Mots croisés

Complétez la grille suivante.

Horizontalement

1. Atteinte à l'intérêt général de la concurrence ayant un impact sur un marché pertinent concerné.
2. Infraction sanctionnée par le Code du commerce lorsqu'une entreprise est en situation de domination du marché.
3. Lieu de rencontre de l'offre et de la demande.

Verticalement

4. Accords entre entreprises dont l'effet est d'empêcher, de restreindre ou de fausser le jeu de la concurrence.
5. Fidélité, sincérité, honnêteté.
6. Présence de différents acteurs sur un même marché.

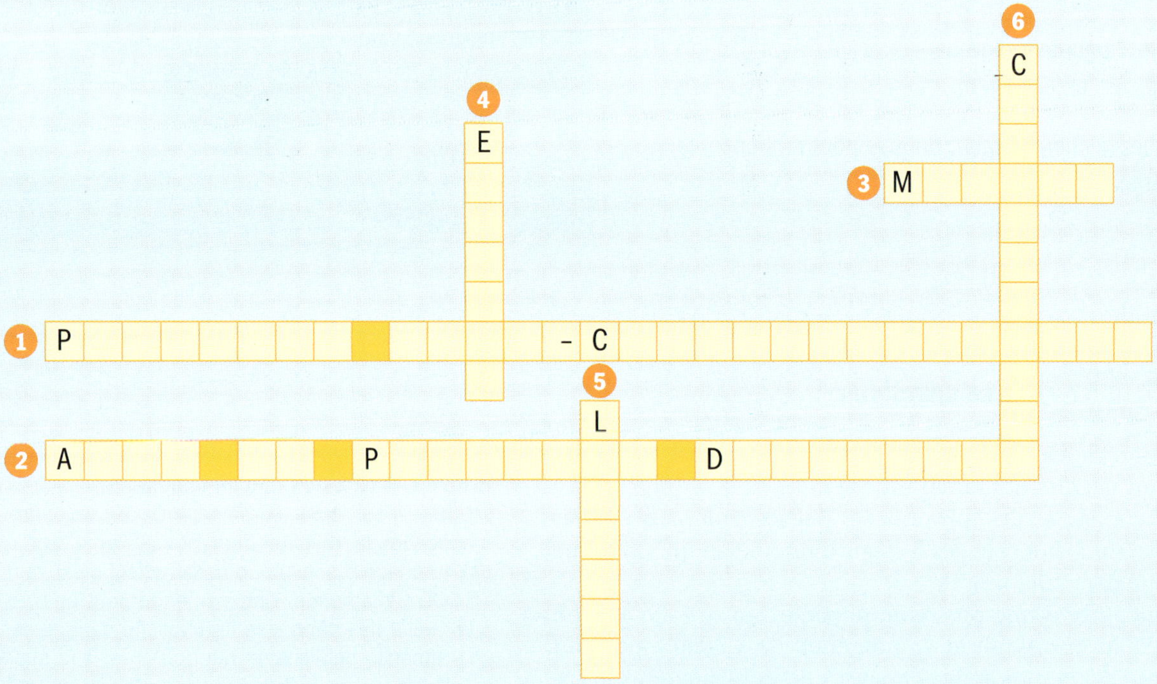

Réaliser un débat argumentatif

- La réglementation de la concurrence peut-elle garantir le respect des libertés économiques fondamentales ?

@ Sur le Net

L'entente

http://www.economie.gouv.fr/dgccrf/Publications/Vie-pratique/Fiches-pratiques/Entente

1. Distinguez les notions « d'objet anticoncurrentiel » utilisées dans le cadre du contrôle des ententes.
2. Donnez un exemple pour chacun.

MÉTHODOLOGIE
VOIR FICHE 3

Lire une décision de justice

CAS ENTENTE ENTRE DES CABINETS DE CONSEIL

1. Résumez les faits.
2. Identifiez le problème de droit.
3. Relevez la décision de l'autorité de la concurrence et ses motifs.

DOCUMENT 1 **Décision de l'Autorité de la concurrence en date du 13 janvier 2012**

L'Autorité de la concurrence vient de rendre une décision par laquelle elle sanctionne le syndicat professionnel, Géfil, et dix cabinets de conseil du secteur de l'ingénierie des loisirs, de la culture et du tourisme à hauteur de 660 700 euros pour avoir arrêté et diffusé des consignes de prix auprès de la profession.
[...] Entre 2002 et 2010, le syndicat national de l'ingénierie des loisirs, de la culture et du tourisme, le Gefil et plusieurs cabinets-conseils ont élaboré et diffusé auprès de la profession une fiche dénommée « Juste prix » recensant des honoraires qualifiés de « raisonnables » ou « décents ». Cette fiche, qui servait de référence aux propositions tarifaires déposées par les cabinets-conseils lors des appels à concurrence lancés par les clients, avait pour objectif d'éviter tout « dumping » et « guerre des prix » entre cabinets et ainsi « tirer les prix de toute la profession vers le haut ». Une police des prix garantissait le respect de l'entente par les participants.
Les consignes de prix se sont accompagnées d'actions visant à s'assurer du respect des tarifs fixés. Une police des prix avait été mise en place par le Géfil afin de vérifier que les tarifs appliqués étaient conformes à ceux décidés en commun. Les collectivités locales à l'origine des appels d'offres étaient alertées lorsque certaines propositions étaient jugées « anormalement basses » par le syndicat.
À travers cette entente, le Géfil est sorti de son rôle de défense de ses membres et a faussé les procédures de mise en concurrence initiées par leurs commanditaires. L'Autorité de la concurrence a également sanctionné certains cabinets-conseils qui, en tant que membres du conseil d'administration du Géfil, ont directement participé à l'entente. Les sanctions pécuniaires ont été fixées en tenant compte, pour chaque contrevenant, de leur implication, de leur durée de participation à l'entente et de leur capacité contributive. Compte tenu des faibles ressources du Géfil, l'Autorité a prononcé une sanction symbolique à son encontre.

DOCUMENT 2 **La référence sur laquelle s'appuie la décision**

Article L. 420-1 du Code du commerce
Sont prohibées même par l'intermédiaire direct ou indirect d'une société du groupe implantée hors de France, lorsqu'elles ont pour objet ou peuvent avoir pour effet d'empêcher, de restreindre ou de fausser le jeu de la concurrence sur un marché, les actions concertées, conventions, ententes expresses ou tacites ou coalitions, notamment lorsqu'elles tendent à :
1° Limiter l'accès au marché ou le libre exercice de la concurrence par d'autres entreprises ;
2° Faire obstacle à la fixation des prix par le libre jeu du marché en favorisant artificiellement leur hausse ou leur baisse ;
3° Limiter ou contrôler la production, les débouchés, les investissements ou le progrès technique ;
4° Répartir les marchés ou les sources d'approvisionnement.

L'essentiel en schéma

Les pratiques anticoncurrentielles et restrictives de la concurrence

1 Quelles sont les pratiques anticoncurrentielles ?

Les pratiques anticoncurrentielles

Entente
Accord exprès ou tacite entre deux ou plusieurs entreprises portant atteinte au jeu de la concurrence.

Conditions
- Accord exprès ou tacite.
- Ayant pour objet ou effet d'empêcher, de restreindre ou de fausser le jeu de la concurrence sur un marché de produits ou de services déterminé.
- Ne pas contribuer au progrès économique.

Sanctions
- Mesures d'urgence
- Injonctions
- Amendes

Abus de position dominante
Exploitation abusive de sa position de domination sur un marché par une entreprise pour imposer des conditions à un client ou un fournisseur.

Conditions
- Existence d'une position dominante.
- Exploitation abusive de cette position.
- Un objet ou un effet restrictif de concurrence sur un marché.

Sanctions
- Injonctions
- Amendes jusqu'à 10 % du CA

2 Quelles sont les pratiques restrictives de la concurrence ?

Les pratiques restrictives de la concurrence

La rupture de la relation commerciale

Conditions
– La rupture d'une relation commerciale établie nécessite :
• L'existence d'une relation commerciale établie
• L'intervention d'une rupture totale ou partielle
– La brutalité de la rupture

Sanctions
– Sanction civile : dommages et intérêts

La revente à perte

Conditions
– Prix inférieur au prix d'achat effectif
– Prix d'achat effectif = prix d'achat – avantages financiers + frais transport + taxes

Sanctions
– Sanction civile : dommages et intérêts
– Sanction pénale : amendes, communication de la décision par voie de presse ou d'affichage

MOTS-CLÉS
- Liberté de la concurrence
- Pratiques anticoncurrentielles
- Entente
- Abus de position dominante
- Revente à perte

Chapitre 9 L'entreprise individuelle

Thème 9
Comment entreprendre ?

Notions abordées

- → L'entreprise individuelle.
- → L'auto-entrepreneur.
- → L'EIRL.
- → L'EURL.
- → Le patrimoine de l'entrepreneur.
- → La responsabilité financière.

Objectifs

- → Distinguer les différents types de structure juridique adaptés à l'entrepreneur individuel.
- → Apprécier l'exposition du créateur aux risques en fonction de la structure juridique choisie.

Créer son entreprise avec succès

1 **Citez les différentes structures juridiques qui permettent d'entreprendre seul.**

2 **Proposez les critères influençant les choix des créateurs.**

En Vidéo

Choisir la forme juridique de son entreprise
http://www.youtube.com/watch?v=DB4B8mPuQBc

Proposez les critères qui peuvent influencer les choix des créateurs.

1 Qu'est-ce qu'une entreprise individuelle ?

MISE EN SITUATION

En 2012, à la suite de l'obtention de son BTS SIO, Augustin décide de se mettre à son compte pour proposer un service de dépannage de matériel et de cours d'informatique.

Il dispose de peu de ressources financières et réfléchit à la structure la mieux adaptée à son projet.

À l'aide d'un de ses amis, Augustin a réalisé un compte de résultat prévisionnel : l'estimation de son chiffre d'affaires pour la première année est d'environ 30 000 euros.

1. Mettez en évidence le problème de droit.
2. Retrouvez la (les) règle(s) juridique(s) applicable(s).
3. Conseillez la structure la plus adaptée pour répondre au problème d'Augustin.

Ressource 1 L'entreprise individuelle, une structure simple

Très peu de démarches pour s'installer en seul maître à bord ; l'entrepreneur individuel dispose d'une grande liberté, ne supporte les contraintes d'aucun formalisme et n'a pas à publier ses comptes.

Le principe

L'entreprise individuelle, appelée aussi entreprise en nom personnel […] est la forme la plus simplifiée qu'un entrepreneur puisse choisir pour exercer son activité indépendante :

- Pas d'associés,
- Pas de capital de départ,
- Pas de statuts à rédiger,
- Peu de formalités administratives,
- Pas de comptabilité particulière.

Nous comprenons donc vite pourquoi l'entreprise individuelle est la forme juridique la plus utilisée en France. (Elle représente environ 53 % du parc des entreprises !)

En effet, avec un statut très rapide à créer et à lancer : l'entrepreneur peut presque émettre ses factures instantanément !

Des formalités simplifiées

1. Juste déclarer son activité :

Après avoir vérifié qu'il remplit bien les conditions requises pour exercer l'activité envisagée (capacité juridique, nationalité, conditions de diplôme ou autorisations administratives éventuelles), le candidat à la création n'a qu'à remplir un dossier de déclaration d'existence qu'il déposera au Centre de Formalités des entreprises (CFE) dont relève son activité : à la Chambre de Commerce et d'Industrie pour les commerçants, à la Chambre des Métiers pour un artisan et à l'URSSAF pour un professionnel libéral. […]

2. Immatriculation rapide :

[…] Le CFE transmet les informations aux différentes administrations compétentes : à la sécurité sociale […] Régime Social des Indépendants), au fisc, à l'Insee, au Registre sur lequel le créateur doit être immatriculé (Registre du Commerce et des Sociétés pour un commerçant, Registre des métiers pour un artisan), ainsi [qu'au Pôle Emploi] et à l'Inspection du travail si des embauches sont mentionnées.

« Les caractéristiques de l'entreprise individuelle »,
© CCI France, 2012.

1. Précisez les démarches de l'entrepreneur individuel pour lancer son activité.
2. Analysez le succès de cette structure juridique dans le choix des entrepreneurs.

Ressource 2 Un patrimoine personnel non protégé

Le régime fiscal et social

1. Le régime fiscal :
[...] Une entreprise individuelle n'a pas de fiscalité propre : elle dépend de celle de l'entrepreneur, à qui s'applique, le régime de l'impôt sur le revenu. [...]
2. Le régime social :
L'entrepreneur individuel est présumé non salarié. En tant que travailleurs non salarié (on parle aussi de TNS), il est affilié au Régime Social des Indépendants (RSI) [...]

Entrepreneur individuel : protégez votre patrimoine !

[...] L'inconvénient majeur de l'entreprise individuelle réside dans le fait que, [...] il y a une confusion des patrimoines de l'entreprise et de celui de l'entrepreneur : ils forment une seule et même entité. Il n'y a pas de société pour faire écran ; dès lors, en cas de difficultés financières, l'entrepreneur est directement poursuivi sur ses biens. [...]

« Les caractéristiques de l'entreprise individuelle », © CCI France, 2012.

3 Réalisez un schéma présentant les avantages et inconvénients de l'entreprise individuelle.

Ressource 3 La forme simplifiée de l'EI : l'auto-entrepreneur

Qu'est-ce que le régime auto-entrepreneur ?

C'est un régime spécifique mis en place depuis le 1er janvier 2009 pour les entreprises individuelles artisanales, commerciales ou libérales qui relèvent du régime fiscal de la micro-entreprise.
Il offre des formalités de création d'entreprises allégées ainsi qu'un mode de calcul et de paiement simplifié des cotisations et contributions sociales et de l'impôt sur le revenu. [...]

« Questions-réponses », www.lautoentrepreneur.fr, 2012.

Êtes-vous concerné ?

Si vous créez ou possédez déjà une entreprise d'une part artisanale, commerciale ou d'autre part libérale relevant de la CIPAV*, soumise au régime fiscal « micro » avec un chiffre d'affaires en 2012 inférieur à :
– 81 500 euros (HT) pour une activité d'achat/revente ;
– 32 600 euros (HT) pour une activité de prestations de services.

* Caisse Interprofessionnelle de Prévoyance et d'Assurance Vieillesse

« Comment bénéficier du dispositif d'auto-entrepreneur », www.lautoentrepreneur.fr, 2012.

1 Expliquez la relation entre l'EI et le statut d'auto-entrepreneur.

2 Déduisez-en la conséquence sur le plan patrimonial.

3 Retrouvez les conditions nécessaires pour bénéficier du statut d'auto-entrepreneur.

2 Comment protéger le patrimoine de l'entrepreneur ?

MISE EN SITUATION

Pour Augustin, les choses se sont plutôt bien déroulées tant sur le plan professionnel que personnel. La demande est plus forte que prévue et il s'est marié en juillet avec Églantine. Ils ont emménagé dans un petit appartement qu'ils viennent d'acheter.
L'accroissement de son chiffre d'affaires et la protection de ses biens personnels amènent Augustin à réfléchir à un changement de statut.

1. Mettez en évidence le problème de droit.
2. Retrouvez la (les) règle(s) juridique(s) applicable(s).
3. Conseillez la structure la plus adaptée pour répondre au problème d'Augustin.

Ressource 4 L'EIRL, une meilleure protection du patrimoine

Le statut d'Entrepreneur Individuel à responsabilité limitée (EIRL) permet à tout entrepreneur individuel, créateur ou qui exerce déjà une activité commerciale, artisanale, libérale ou agricole, quel que soit son chiffre d'affaires :

- de protéger ses biens personnels des risques liés à son activité professionnelle, notamment en cas de faillite, en affectant à son activité professionnelle un patrimoine (le « patrimoine affecté ») ; les créanciers professionnels de l'entrepreneur individuel ne peuvent poursuivre que le patrimoine affecté tandis que les autres créanciers ne peuvent poursuivre que le patrimoine non affecté ;
- sur option, d'acquitter l'impôt sur les sociétés sur les bénéfices dégagés par son activité.

L'EIRL n'est pas une forme juridique, les auto-entrepreneurs peuvent recourir à l'EIRL, au même titre que tout entrepreneur individuel. Les personnes exerçant leur activité sous forme de société sont en revanche exclues.

Grâce à ce nouveau régime :

- l'entrepreneur individuel n'est pas tenu de créer une société pour protéger son patrimoine et sa famille ;
- l'esprit d'entreprise est encouragé, en évitant que la faillite d'une entreprise soit synonyme de ruine personnelle et familiale.

En cas de déclaration d'insaisissabilité, l'entrepreneur ne sera pas saisi (pour ses dettes professionnelles) de son habitation principale et/ou de l'ensemble des biens fonciers, bâtis ou non bâtis et/ou ne servant pas à l'activité professionnelle.

1 Présentez l'avantage de l'EIRL.

Ressource 5 L'EIRL et son patrimoine

Avec l'EIRL, vous pouvez séparer votre patrimoine personnel de votre patrimoine professionnel *(les biens que vous utilisez pour travailler)*.
La séparation se fait en affectant tout ou une partie de votre patrimoine personnel à votre activité professionnelle **et il n'y aura que ce patrimoine que vos éventuels créanciers pourront faire saisir en cas d'impayés.**
Pour cela, vous devez déclarer [devant notaire] votre patrimoine affecté.
Le patrimoine affecté est donc le pilier de l'EIRL. Il sera composé de l'ensemble des biens nécessaires à l'exercice de l'activité et de ceux non indispensables mais utilisés, dans le cadre de cette activité. Ces biens seront volontairement affectés par l'entrepreneur individuel.

« L'EIRL comment ? », © CCI France, 2012.

2 Expliquez la notion de patrimoine affecté.

Ressource 6 La création d'une personne morale comme moyen de protection

[...] Instituée par une loi du 11 juillet 1985, elle permet à l'entrepreneur individuel de créer en solo une entité juridique différente et séparée de la sienne. [...]
Ce statut convient idéalement à une société que l'on envisage de développer à moyen terme : en effet, l'EURL se transforme en SARL par simple cession de parts sociales.

L'EURL est une société à un seul associé

L'EURL a la personnalité morale :
Comme la SARL, pour avoir sa propre identité en tant que personne morale, l'EURL doit disposer :
- de statuts pour réglementer son fonctionnement et son activité ;
- d'une dénomination propre ;
- d'une domiciliation ;
- de son propre capital de départ fixé librement par les statuts (pas de minimum) ;
- d'une comptabilité séparée.

La différence avec la SARL résulte dans le fait que l'EURL ne compte qu'un seul associé : l'entrepreneur, qui gère sa société comme il l'entend.
La différence avec l'entreprise individuelle [...] c'est que l'entrepreneur ne fait rien en son nom propre : toute son activité est faite au nom et pour le compte de la société.
En fait, cette forme de société reprend certains traits de l'entreprise individuelle (un seul maître à bord) et d'autres traits de la SARL (la responsabilité de l'entrepreneur est limitée aux apports). [...]

« L'entreprise unipersonnelle à responsabilité limitée », © CCI Jura, 2012.

1 Précisez la particularité de l'EURL.

2 Explicitez la différence entre l'EIRL et l'EURL.

3 Présentez l'avantage de l'EURL.

Activités

Vrai ou faux ?

Répondez par vrai ou faux aux affirmations suivantes.

	VRAI	FAUX
1 Il existe une seule structure juridique pour entreprendre seul.	❑	❑
2 Certaines structures juridiques représentent un risque.	❑	❑
3 L'entreprise individuelle est appelée aussi entreprise en nom personnel.	❑	❑
4 L'EIRL permet de protéger les biens de l'entrepreneur.	❑	❑
5 Le patrimoine affecté est le pilier de l'EIRL.	❑	❑
6 L'auto-entrepreneur n'est pas soumis à l'impôt.	❑	❑
7 L'EURL a la personnalité morale.	❑	❑
8 L'EIRL a la personnalité morale.	❑	❑

Cas pratique

Manon Dufayeulle est comptable salariée dans un cabinet. Deux de ses amis ont monté leur entreprise et recherchent un comptable free-lance. Après réflexion, elle souhaite se lancer dans l'aventure et créer pour ce faire une entreprise. Toutefois, elle se pose de nombreuses questions. En effet, mariée sous le régime de la communauté universelle, elle est, avec son mari, propriétaire de son logement (un 4 pièces à Vincennes d'une valeur de 580 000 €) et ne souhaite pas prendre le risque de le perdre si son entreprise est en difficulté. Elle dispose d'un peu plus de 50 000 € qu'elle accepte d'investir dans son entreprise.

1 Retrouvez les différents statuts juridiques adaptés au projet de Manon en mettant en évidence les avantages et les inconvénients de chacune d'entre elles.

2 Proposez, en la justifiant, la structure juridique qui vous paraît la mieux adaptée.

Les couples qui se marient sans signer de contrat de mariage sont soumis au régime de la communauté légale : tous les biens possédés avant le mariage et ceux reçus par donation ou succession pendant le mariage restent en principe la propriété personnelle du conjoint concerné : ce sont des biens « propres ». Il en est de même des biens achetés avec des fonds provenant de la vente d'un bien propre. Les autres biens appartiennent à la communauté : ce sont des biens « communs ».

Mais les couples peuvent aussi adopter, au moment du mariage ou après au moins deux ans de mariage, d'autres régimes, notamment celui de la communauté universelle. [...]

Définition

Dans le régime de la communauté universelle, tous les biens, présents et à venir, possédés par les époux sont mis en commun, quels que soient la date d'acquisition (avant ou après le mariage), leur origine (achat, donation, etc.) et leur mode de financement.

Conséquence : les conjoints sont responsables de leurs dettes personnelles sur l'ensemble de ces biens communs, que ces dettes aient été faites avant ou pendant le mariage. [...].

E. Roig, « Mariage : le régime de la communauté universelle », © Droit-Finances, www.droit-finances.net, juillet 2007.

@ Sur le Net

Auto-entrepreneur : le gouvernement veut revoir le statut

http://videos.tf1.fr/infos/2012/auto-entrepreneur-le-gouvernement-veut-revoir-le-statut-7336526.html

1 Rappelez les avantages du statut d'auto-entrepreneur.

2 Expliquez pourquoi S. Pinel, ministre déléguée chargée de l'Artisanat, du Commerce et du Tourisme, déclare que ce régime a créé une concurrence déloyale.

Exploiter une documentation juridique

MÉTHODOLOGIE VOIR FICHE 10

CAS L'ABUS DE BIENS SOCIAUX

1. Expliquez la notion d'intérêt social.
2. Formulez le problème juridique.
3. Justifiez la décision de la Cour de cassation.

DOCUMENT 1 Un usage abusif des biens de la société

Sur le premier moyen de cassation, pris de la violation des articles L. 241-3-4° du Code de commerce, 591 et 593 du Code de procédure pénale, défaut de motifs, manque de base légale ;
« en ce que l'arrêt attaqué a déclaré Daniel A., coupable d'abus de biens sociaux au préjudice de l'EURL Hôtel Montpensier ;
« aux motifs que Daniel A. ne pouvait prétendre avoir embauché M. B., détective privé, dans l'intérêt social de son entreprise, dès lors que le mandataire précisait dans quel but il avait été embauché ; que l'EURL était une personne morale dont les intérêts étaient distincts de son gérant et unique associé ; qu'en utilisant indûment le chéquier de l'établissement à des fins personnelles, il avait commis un abus de biens sociaux caractérisé [...] ;
« alors, d'une part, que le règlement d'une dette par une société unipersonnelle ne constitue pas, en soi, à l'encontre de son dirigeant, un usage abusif des biens de la société ; qu'en s'étant bornée à faire référence au « but » dans lequel M. B. avait précisé avoir été embauché, quand ce dernier avait indiqué avoir eu pour mission de rechercher si du courrier destiné à l'EURL Hôtel Montpensier avait été détourné par Odette C., la cour d'appel a entaché sa décision d'un défaut de motifs ;
« alors, d'autre part, que seul est punissable l'usage fait des biens ou du crédit d'une société ; qu'en n'ayant pas recherché si les fonds déposés sur le compte de la société appartenaient en propre à Daniel A., qui ne disposait pas à l'époque de chéquier sur son compte personnel, la cour d'appel a de nouveau entaché sa décision d'un défaut de motifs » ;
[Mais] attendu que, pour condamner du chef d'abus de biens sociaux, l'arrêt attaqué énonce, outre les motifs reproduits au moyen, que le prévenu a engagé un détective privé pour surveiller son épouse, dont il ne supportait pas d'être séparé, et qu'il a réglé la prestation au moyen d'un compte bancaire ouvert au nom de l'Hôtel Montpensier, entreprise unipersonnelle à responsabilité limitée ;
Attendu qu'en l'état de ces énonciations, la cour d'appel a justifié sa décision ; [...]
REJETTE le pourvoi [de Daniel A.] ;

Cour de cassation, chambre criminelle, 20 février 2002.

DOCUMENT 2 L'abus de biens sociaux

L'abus de biens sociaux est un délit réalisé par les dirigeants de sociétés par actions (SA, SAS...) ou de SARL (société à responsabilité limitée). Ces dirigeants se rendent coupables de ce délit, lorsque de mauvaise foi (en connaissance de cause), ils font un usage des biens ou du crédit de la société qu'ils savent contraire à l'intérêt de celle-ci, en favorisant leurs propres intérêts personnels ou pour favoriser une société dans laquelle ils sont intéressés directement ou non.

Définition, © 2008-2013 Vosdroitsendirect.com

L'entreprise individuelle

1 Qu'est-ce qu'une entreprise individuelle ?

L'entreprise individuelle

des formalités simples
- Déclaration unique de son activité au Centre Formalité des Entreprises
- Immatriculation rapide.

\+

un pouvoir de décision
Seul, libre des choix de la stratégie et des moyens pour y parvenir.

\+

des apports
Faibles => pas de minimum requis mais nécessité d'avoir les fonds suffisants pour le fonctionnement de l'activité.

↓ création en 2008 d'une forme simplifiée

L'auto-entrepreneur

Allègement des formalités

Régime simplifié d'impôts et prélèvements sociaux

\+

toujours
- un pouvoir de décision seul
- des apports faibles

2 Comment protéger le patrimoine de l'entrepreneur ?

Responsabilité financière

- **Limitée**
  - Patrimoine d'affectation → EIRL (Idem EI + déclaration patrimoine)
  - Aux apports → EURL
- **Illimitée**
  - Pas de séparation des patrimoines → EI

MOTS-CLÉS

- Entreprise individuelle (EI)
- EIRL
- EURL
- Auto-entrepreneur
- Protection du patrimoine
- Personne morale

Chapitre 10 La société

Thème 9
Comment entreprendre ?

Notions abordées

→ Le contrat de société.
→ L'affectio societatis.
→ La responsabilité limitée aux apports des associés.
→ Les organes de direction.

Objectifs

→ Identifier les différentes étapes de la création d'une société.
→ Apprécier les conséquences juridiques de la création de société.
→ Différencier le rôle des organes de gestion de celui des organes délibératifs.

1 **Citez les formes de sociétés qui vous viennent à l'esprit.**

2 **Retrouvez la différence entre l'entreprise individuelle et la société.**

En Vidéo

Choisir un statut juridique
http://www.dailymotion.com/video/x8a1zg_7-choisir-un-statut-juridique_lifestyle

1. Citez les formes de sociétés présentées par l'orateur.
2. Retrouvez la différence entre l'entreprise individuelle et l'entreprise sociétaire.

1 Comment se constitue une société ?

MISE EN SITUATION

La PME, Smart Equipment Technology (SET), est spécialisée dans la soudure de composants électroniques et connaît des difficultés financières. Elle a été placée en redressement judiciaire.

Deux offres de rachat s'affrontent : celle de 37 employés de 478 000 euros qui proposent un projet de reprise en société coopérative (37 emplois sauvés) et celle d'une société du groupe international K&S de 500 000 euros qui détient 65 % de parts de marché mondiales des câbleuses par fil utilisées pour assembler des boîtiers de circuits intégrés (39 emplois sauvés).

1. Proposez les arguments en faveur des deux hypothèses de reprise.
2. Imaginez la solution argumentée proposée par le tribunal de commerce d'Annecy.

Ressource 1 Caractéristiques du contrat de société

Selon l'article 1832 du Code civil, les éléments caractéristiques du contrat de société sont les suivants :
- L'existence d'une pluralité d'associés (exception faite pour l'EURL et la SASU) ;
- L'existence d'apports réalisés par les associés ;
- Le partage des bénéfices et des pertes ;
- L'objet social, réalisable et non contraire aux bonnes mœurs ;
- L'affectio societatis, c'est-à-dire la volonté de se comporter en associé ou la volonté d'agir ensemble dans un but commun

Expliquez la notion d'apport.

Ressource 2 Les statuts de l'entreprise

La société est un groupement de personnes juridiques qui a la responsabilité morale, et dont le but est essentiellement la recherche de bénéfices. Elle naît d'un contrat conclu entre les personnes dans les formes légales, et constaté par un écrit, les statuts. […]. Des statuts seront établis pour informer les tiers sur les caractères et le fonctionnement de la société.

DÉFINITION

Affectis societatis
C'est la volonté commune de plusieurs personnes physiques ou morales de s'associer.

Contrat de société

– Il est valable si les contractants sont capables, l'*affectio societatis* existe et l'objet est licite.
– Il est à l'origine de la personne morale, il précise sa dénomination sociale, son siège social et son patrimoine. Sa publication au RCS fait naître la personnalité morale.
– Il fixe les règles de fonctionnement de la société à savoir la forme, la gestion et le contrôle, la répartition, la cession et la transmission des parts sociales, le partage des bénéfices et la durée.

Conditions de validité du contrat de société

Les personnes juridiques qui le signent doivent avoir la capacité juridique et leur consentement ne doit pas être vicié.
L'objet de la société doit être licite et déterminé.
L'*affectio societatis* doit exister entre les associés qui doivent désirer collaborer dans l'activité sociale, et partager les bénéfices et les pertes en proportion de leurs apports.

1. Présentez le rôle du contrat de société.
2. Montrez les similitudes et les différences avec les conditions générales de validité des contrats.

Ressource 3 La création de la personne morale

Les formalités de constitution de société se composent du dépôt de contrat de société et des diverses déclarations à réaliser auprès des différents organismes sociaux et fiscaux.
Un guichet unique a été créé : le Centre de Formalités des Entreprises qui a simplifié les démarches de création d'entreprise. Il se charge de faire les déclarations et la demande d'immatriculation de la nouvelle entreprise au RCS.
Cette immatriculation permet la création d'une personne juridique nouvelle : la personne morale.
Cette personne morale est identifiée par plusieurs éléments un nom (une dénomination sociale), un domicile (son siège social), une nationalité (déterminée en fonction du lieu du siège social) et se voit attribuer des droits et des obligations (le patrimoine, le droit d'aller en justice, de conclure des contrats...).
L'attribution d'un patrimoine entièrement distinct de celui des associés est un effet essentiel de la personnalité morale car si la société n'avait pas la personnalité juridique, elle ne pourrait pas avoir de patrimoine.

1. Déterminez à partir de quel moment la société aura la personnalité morale.
2. Expliquez les conséquences de l'obtention de la personnalité morale.

Ressource 4 La revanche des ex-Lejaby

C'était un pari risqué. Lundi, Les Atelières, atelier indépendant de couture haut de gamme, ouvrait ses portes à Villeurbanne près de Lyon. Dans ses rangs, six ex-Lejaby ont accepté de mettre leur savoir-faire dans ce projet. Il y a un an, victimes d'un plan social, elles créaient la Scop (une société dans laquelle les salariés sont également les associés de l'entreprise) Les Atelières, grâce à l'aide de Muriel Pernin, une communicante émue par leur sort. [...]
Aujourd'hui, les Atelières emploient 26 personnes de 20 à 60 ans en CDI et payées au minimum 1 300 euros mensuels. Elles ont déjà trois clients dont la **maison Lejaby** pour qui elles fabriquent de la lingerie haute couture, 100 % **made in France**. L'établissement lui aussi en pleine renaissance présentera jeudi sa nouvelle collection dans son showroom installé rue Royale, à Paris.

I. Parenty, « Les Atelières : les ex-Lejaby prennent leur revanche », *Terra Femina*, le 15 janvier 2013.

Ressource 5 Les coopératives

La coopérative est un type de société à objet civil ou commercial, selon le cas, qui a été créée dans le but d'éliminer le profit capitaliste, soit par la mise en commun de moyens de production, soit par l'achat ou la vente de biens en dehors des circuits commerciaux. Dans ce genre société, il n'est pas distribué de bénéfices. Les membres reçoivent éventuellement des ristournes sur les résultats bénéficiaires. La transformation d'une société coopérative en une société d'une forme est limitée au cas où les membres de la coopérative entendent assurer la survie ou le développement de l'entreprise, ce qui nécessite une autorisation ministérielle. [...]

© 1996-2013 Serge Braudo et Alexis Baumann, Dictionnaire juridique.com.

1. Retrouvez les particularités de la coopérative.
2. Mettez en évidence l'intérêt d'une SCOP.

2 Comment une société est-elle gérée ?

MISE EN SITUATION

Élisabeth, Léo, Manon, Grégory et Lionel ont créé leur société à responsabilité limitée (SARL), « Le monde des fourmis ». Ils commercialisent ensemble un produit destiné à faire découvrir aux enfants les fourmis de la naissance à la mort. Dans les statuts, la répartition des parts sociales, décidée en fonction des apports de chacun, est la suivante : Élisabeth possède 20 % des parts sociales, Léo 10 %, Manon 35 %, Grégory 15 % et Lionel 20 %.
Leur première année d'exercice se termine, le chiffre d'affaires est encourageant et il faut répartir les bénéfices. Toutefois, ils ont constaté que la dénomination sociale pouvait porter à confusion et décident de la modifier.

1. Retrouvez le problème de droit.
2. Proposez la règle de droit applicable.
3. Exposez la solution.

Ressource 6 Les organes de gestion dans les sociétés

Les organes de gestion d'une SA

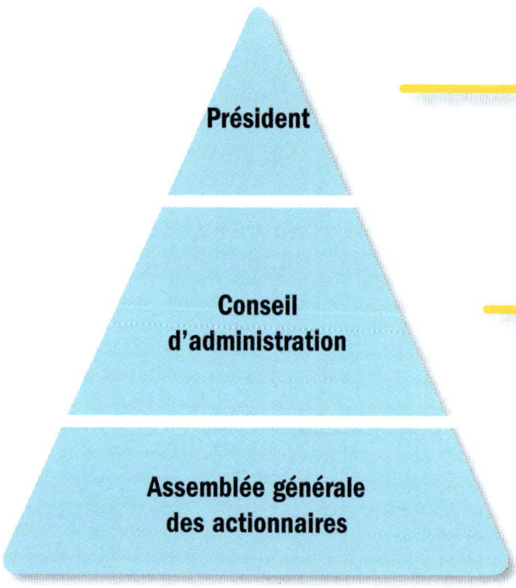

- Président → Personne nommée ou élue, ayant pour mission de représenter la société. Le président peut aussi être directeur général (PDG).
- Conseil d'administration → Groupe de personnes (morales ou physiques) chargées de gérer l'entreprise, dont le président du conseil d'administration désigné ou élu. Pouvoirs : élection et révocation du président, pouvoir de gestion variant d'une entreprise à l'autre.
- Assemblée générale des actionnaires → Les actionnaires détiennent le capital. Ils exercent leur pouvoir dans les assemblées générales.

Les organes de la SARL

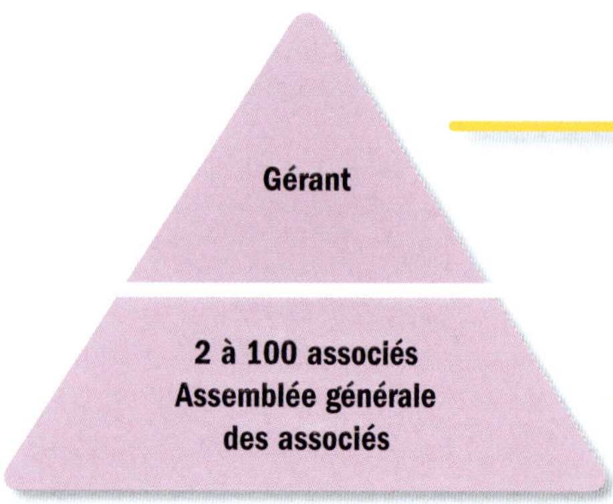

- Gérant → Le ou les gérants sont nommés par les statuts ou par les associés, pour représenter la société. Pouvoirs déterminés par les statuts, à défaut tout acte de gestion conforme à l'intérêt social.
- 2 à 100 associés, Assemblée générale des associés → Les associés détiennent le capital. Ils exercent leur pouvoir dans les assemblées.

1 Citez les personnes possédant des pouvoirs dans une société.

2 Présentez leurs attributions.

Ressource 7 Les organes délibératifs

Assemblée générale des actionnaires de France Télécom, 2012.

L'assemblée générale constitue le moment privilégié pour les associés de s'informer sur la situation économique et financière de la société et de s'exprimer sur sa gestion.

Le type de décisions prises en assemblée générale extraordinaire (AGE)

Quelle que soit la forme de société, l'AGE est en principe compétente pour toutes les décisions entraînant une modification des statuts. Par conséquent, ces changements portent sur les mentions prévues dans les statuts, à savoir les caractéristiques (forme, dénomination, durée [...] et les règles de fonctionnement de la société. [...]

Le type de décisions prises en assemblée générale ordinaire (AGO)

Les décisions prises en AGO portent sur toutes les questions n'impliquant pas une modification des statuts. La principale d'entre elles est l'assemblée annuelle au cours de laquelle a notamment lieu l'approbation annuelle des comptes écoulés. D'autres décisions d'AGO parmi les plus fréquentes peuvent également être notées en cas de :

- nomination ou remplacement d'un ou plusieurs dirigeants ;
- approbation ou refus d'approbation d'une convention conclue entre la société et l'un de ses dirigeants ;
- [...] etc.

«AGO ou AGE : les différents types de décisions »,
© Droit-Finances, www.droit-finances.net, juillet 2007.

1 Présentez les différences entre AGO et AGE.

2 Précisez la différence entre les organes délibératifs et les organes de gestion.

Ressource 8 La responsabilité financière des associés

[...] En société, l'associé n'encourt pas les mêmes responsabilités que l'entrepreneur individuel. En effet, deux personnes juridiques distinctes existent et le patrimoine de l'entreprise et celui du dirigeant social sont indépendants, ce qui met les biens personnels à l'abri des dettes générées par l'activité professionnelle. La responsabilité est limitée au montant des apports [...], mis à part le cas particulier de la société en nom collectif (SNC). En effet, même si la société possède un patrimoine propre, les associés qui sont tous des commerçants, répondent indéfiniment et solidairement des dettes de la société. Cela signifie qu'un associé peut être poursuivi pour tout le passif de la société, alors qu'il ne détient qu'une faible participation (caractère solidaire de la dette), et ce, jusqu'à paiement intégral (caractère indéfini de la responsabilité). Cette responsabilité se rapproche de celle de l'entrepreneur individuel mais le commerçant en SNC ne peut pas bénéficier de l'insaisissabilité de sa résidence principale, la loi Dutreil ne visant que les entreprises individuelles.

« Guide : les responsabilités encourues par le dirigeant et l'entreprise »,
CCI Saint-Etienne, avril 2005.

1 Rappelez ce que signifie la notion de « responsabilité limitée au montant des apports ».

2 Identifiez la raison qui explique que la responsabilité est limitée au montant des apports.

3 Retrouvez comment la loi a permis à l'entrepreneur individuel de protéger son patrimoine.

Activités

Vrai ou faux ?

Répondez par vrai ou faux aux affirmations suivantes.

	VRAI	FAUX
1 Les associés de la SARL ont une responsabilité financière illimitée.	❑	❑
2 L'affectio societatis est la volonté de s'associer.	❑	❑
3 Chaque associé a le même pouvoir de décision.	❑	❑
4 L'intérêt social peut être défini comme l'intérêt supérieur de la personne morale.	❑	❑
5 Le pouvoir de direction se partage entre les organes de gestion et les organes délibératifs.	❑	❑
6 Les associés se partagent uniquement les bénéfices.	❑	❑
7 Dans la SA, le conseil d'administration détermine les orientations et contrôle la gestion du directeur général.	❑	❑
8 Le PDG a un pouvoir suprême.	❑	❑
9 Les décisions modifiant les statuts sont une compétence des AGO.	❑	❑
10 L'approbation des comptes est votée lors des AGE.	❑	❑

Décision de justice

[...] Mais attendu qu'ayant relevé qu'aucune assemblée générale n'avait été tenue depuis 2004, que M. Marcel Y... ne justifiait d'aucun acte de gestion et ne présentait aucun compte, que la propriété, unique actif de la SCI n'était pas entretenue depuis plusieurs années, que le bâtiment principal était en mauvais état intérieur et qu'il existait d'importantes dégradations et retenu qu'il n'existait, depuis le décès de M. Marcel Y..., aucune entente entre les associés s'agissant des décisions à prendre en vue de l'administration, la mise en valeur ou même l'entretien courant du patrimoine composant l'actif de la SCI et que cette situation qui caractérisait la perte de tout « affectio societatis » ne pouvait conduire qu'à la détérioration et à la dévalorisation de cet actif, la cour d'appel a légalement justifié sa décision en retenant qu'il existait de justes motifs permettant l'autorisation de retrait ;

D'où il suit que le moyen n'est pas fondé ;

Cour de cassation - chambre civile 3, mercredi 28 mars 2012

1. Identifiez le problème de droit.
2. Relevez la décision de la Cour de cassation et ses motifs.

@ Sur le Net

Vivendi et la colère des petits actionnaires

http://www.ina.fr/video/2005579001024

1. Rappelez le rôle des assemblées générales.
2. Expliquez l'intérêt pour une grande SA de faire un appel public à l'épargne.
3. Montrez le risque de perte de contrôle des actionnaires principaux du fait du regroupement des « petits porteurs ».

Résoudre un cas pratique

MÉTHODOLOGIE VOIR FICHE 7

CAS GESTION D'UNE SARL

Une décision importante doit être prise, le gérant pense que cette décision peut être prise par lui alors que l'expert-comptable estime qu'il est nécessaire de prendre la décision en assemblée générale.

1. Retrouvez le document qui permet d'encadrer le fonctionnement d'une entreprise.
2. Identifiez les personnes qui détiennent le pouvoir de décision dans une société.
3. Expliquez l'intérêt de limiter le pouvoir du gérant.
4. Identifiez les décisions à prendre en AGO ou AGE.

DOCUMENT 1 **Comment gérer une société anonyme à responsabilité limitée (SARL)**

[...] Lors de la constitution d'une société à responsabilité limitée, les associés déterminent ses règles générales de fonctionnement dans les statuts et ils désignent un ou plusieurs gérants qui pourront engager la société au jour le jour. Le ou les gérants sont nommés par les associés soit dans les statuts, soit dans un acte postérieur (acte de nomi). Ce ou ces gérants sont nommés pour toute la vie de la société, à moins que les statuts aient prévu une durée différente.

Si le gérant d'une SARL dispose de pouvoirs étendus, certaines décisions relèvent en revanche de la compétence de l'assemblée générale des associés.

Les pouvoirs du gérant dans ses rapports avec les associés

En vertu de l'article L. 223-18 alinéa 4 du Code de commerce, « dans les rapports entre les associés, les pouvoirs des gérants sont déterminés par les statuts ». À défaut de précision, « le gérant peut faire tous les actes de gestion dans l'intérêt de la société ». En pratique, de nombreuses SARL sont des entreprises individuelles, l'associé majoritaire est le gérant et il est libre de toutes les décisions.

En revanche, dans les autres sociétés, il peut être prudent de limiter les pouvoirs du gérant à la conclusion de certains contrats ou de lui interdire d'effectuer des opérations importantes sans l'approbation de l'assemblée des associés. Ainsi il est, par exemple, possible de décider dans les statuts que « le gérant ne peut, sans y être autorisé par une décision ordinaire des associés, acheter ou vendre les immeubles ou fonds de commerce, contracter des emprunts pour le compte de la société autre que les découverts normaux en banque, ou constituer une hypothèque sur les immeubles sociaux ».

Attention : Ces clauses qui limitent le pouvoir du gérant ne sont pas opposables aux tiers, ce qui signifie que l'acte passé en fraude des dispositions statutaires ne sera pas pour autant annulé à l'égard des tiers. En revanche, les associés pourront engager la responsabilité du gérant pour violation des dispositions statutaires ou encore pour faute de gestion, et ainsi le révoquer pour juste motif.

L'objectif n'est pas de demander l'aval des associés pour l'ensemble des décisions mais uniquement pour celles les plus importantes qui ont un impact sur le patrimoine de la société. Ainsi, le gérant peut signer seul les contrats de travail, les contrats d'assurance, engager la société vis-à-vis de ses clients et de ses fournisseurs : la gestion quotidienne n'est donc pas alourdie et le patrimoine de la société est protégé.

« Comment gérer une société anonyme à responsabilité limitée (SARL) »,
© LEntreprise.com, le 22 avril 2010.

La société

1 Comment se constitue une société ?

Éléments du contrat de société (Article 1832 du Code civil)

→ **Les associés**
= 2 ou plusieurs personnes

+ → **L'affectio societatis**
= Volonté de collaborer activement dans les affaires de la société.

+ → **Les apports**, soit le patrimoine social.
Chaque apport donne droit à des parts ou à des actions.

+ → **L'objet social** = *Activité exercée par la société.* (cf. statuts)
Il doit être licite, c'est-à-dire :
- exister ;
- être réalisable ;
- être non contraire aux bonnes mœurs.

+ → **La participation aux résultats**
= Partager le bénéfice ou profiter de l'économie qui pourra en résulter.

2 Comment une société est-elle gérée ?

Décisions

- **Gestion courante** → ordinaires
- **qui affectent la structure juridique** → extraordinaires

Assemblées des actionnaires
(organes délibératifs)

↓ nomment et contrôlent

Organes de gestion

- le gérant dans une **SARL**
- Le conseil d'administration et le président dans une **SA**

↓ qui réalisent

Les actes de gestion courante

MOTS-CLÉS

- Entreprise individuelle
- EIRL
- EURL
- Auto-entrepreneur
- Protection du patrimoine
- Personne morale

Chapitre 11 Le partenariat

Thème 9
Comment entreprendre ?

Notions abordées

→ Le partenariat.
→ La coopération interentreprises.
→ Le contrat de franchise.

Objectifs

→ Identifier les principales formes de coopération.
→ Appréhender les particularités du contrat de franchise.

Partenariats dans la filière automobile

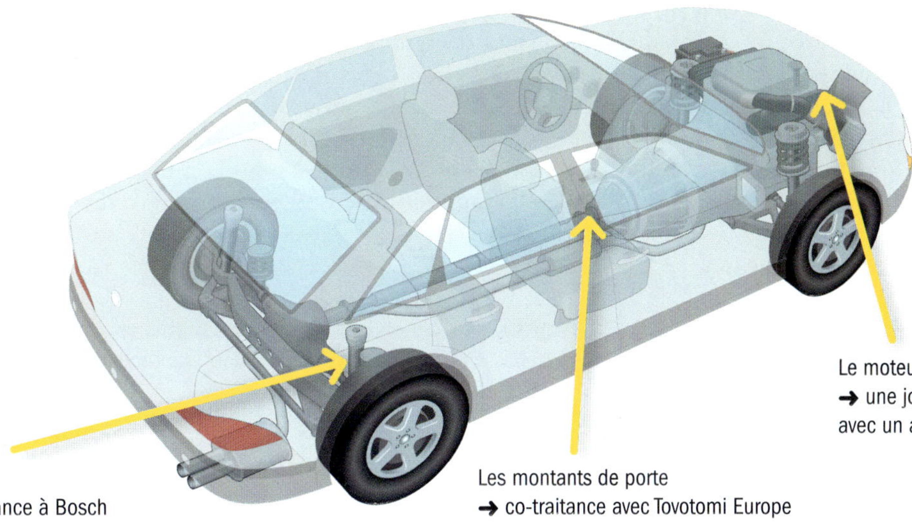

Pour ce qui est de la distribution, le modèle sera commercialisé dans les garages en concession avec le groupe

1 **Explicitez les différentes modalités de coopération choisies.**

2 **Expliquez les avantages de ces coopérations pour les différentes organisations.**

3 **Proposez, à l'aide de vos connaissances, un autre mode de coopération interentreprises.**

En Vidéo

Pourquoi devenir franchisé ou franchiseur ?
http://www.dailymotion.com/video/x7fmu4_ac-franchise-tv-pourquoi-devenir-fr_

1. Mettez en évidence les avantages de la franchise, pour le franchiseur et pour le franchisé.
2. Expliquez en quoi la franchise est une forme de coopération interentreprises.

1 Quelles sont les formes de coopération d'entreprise ?

MISE EN SITUATION

Christophe G. est charpentier indépendant et travaille avec d'autres artisans (plaquistes, peintres...) sur des chantiers immobiliers.
Un riche homme d'affaires souhaite se faire construire un hôtel particulier de 1 800 m^2. De nombreuses entreprises sont en concurrence pour devenir maître d'œuvre du chantier. Certaines d'entre elles ont proposé à Christophe de prendre en charge, sous leur direction, la réalisation de la charpente. Toutefois, Christophe se demande s'il n'existe pas d'autres possibilités de participer au chantier de manière plus indépendante et en collaboration avec des artisans en qui il a confiance.

1. Présentez les possibilités qui s'offrent à Christophe pour participer à ce chantier.
2. Conseillez-le sur le mode de coopération le plus approprié à ces attentes.

Ressource 1 Les types de coopération

L'exacerbation de la concurrence impose aux entreprises de s'adapter très rapidement au marché. La multiplication des contrats commerciaux et des contrats de coopération ont pour objectif que les entreprises atteignent très rapidement un niveau de compétitivité significatif en favorisant les synergies. Les accords interentreprises permettent par ailleurs de réaliser des économies d'échelle. Grâce à la conclusion d'accords ou à la création de structures de coopération, les entreprises mettent en place des stratégies de qualité, développent leur capacité d'innovation ou augmentent leur productivité en accroissant leur flexibilité. En bref, la mise en place d'une coopération permet d'accroître la compétitivité de l'entreprise. Traditionnellement, on distingue deux techniques de coopération interentreprises :

- les accords de type contractuel ;
- les techniques sociétaires de coopération (création d'une structure juridique propre).

DÉFINITION

Coopération
Action de coopérer, de participer à une œuvre commune ; collaboration, concours.

1. Expliquez ce qu'est une coopération d'entreprise et les formes qu'elle peut prendre.
2. Appréciez la ou le(s) finalité(s) d'une coopération.

Ressource 2 Coopération et concurrence

Principe

Les contrats de coopération entre entreprises peuvent poursuivre divers objectifs : approvisionnement, recherche et développement, licences de marques, de brevets ou de savoir-faire, etc.
Ces contrats peuvent contenir des clauses restrictives de concurrence ou être mis en œuvre d'une manière qui restreint la concurrence, en infraction à l'article L. 420-1 du Code de commerce. [...] Tel pourrait être, par exemple, le cas si les entreprises concernées sont concurrentes et disposent de moyens suffisants pour atteindre le même objectif de façon autonome. Ensuite, se pose la question de savoir si les accords conclus contiennent des clauses restrictives de concurrence. Alors qu'il existe plusieurs textes de droit communautaire [...] concernant ces contrats, il n'existe que peu de décisions françaises les concernant. On peut, de manière générale, considérer que le droit français aura tendance à s'inspirer des principes du droit communautaire [...]. Lorsque le droit communautaire est applicable, il prime sur le droit français. [...] Enfin, s'agissant de la création de véritables entreprises communes, il convient toujours de vérifier si celles-ci ne relèvent pas du contrôle des concentrations, ce qui, le cas échéant, exclurait l'application de l'article L. 420-1 du Code de commerce. [...]

A. Condomines, « Accords de coopération », *Nouveau droit français de la concurrence*, Jurimanager, 2009.

1. Retrouvez les objectifs poursuivis par les entreprises qui coopèrent.
2. Montrez en quoi ces coopérations peuvent être restrictives de concurrence.

Ressource 3 Les différentes formes de coopération

La **franchise** est un contrat commercial par lequel une entreprise juridiquement indépendante dit « le franchiseur » concède à une autre personne juridique dit « le franchisé » le droit d'utiliser tout ou une partie des droits incorporels lui appartenant (nom commercial, marques, licences), généralement contre le versement d'un pourcentage sur son chiffre d'affaires ou d'un pourcentage calculé sur ses bénéfices.

La **concession** est le contrat commercial par lequel une entreprise indépendante dite « concessionnaire » se procure auprès d'un autre commerçant, le « concédant », des marchandises qu'il s'engage à commercialiser sous la marque de ce dernier, lequel lui confère une exclusivité pour un temps et dans une ère géographique délimitée.

Le lycée du Sud-Loire, à Clisson, va permettre à ses occupants de découvrir un établissement modèle en termes de consommation d'énergie et d'isolation. La Région, maître d'œuvre, a confié, par l'intermédiaire d'un contrat d'entreprise, les travaux à l'entreprise Quille Construction, titulaire du marché, et a fait appel à des **sous-traitants** (entreprises indépendantes), issus à plus de 80 % du territoire ligérien.

Un **groupement d'intérêt économique** est une organisation qui est créée entre deux ou plusieurs personnes physiques ou morales en vue du développement de l'activité de ses membres. Par exemple, le GIE ePresse (*L'Express*, *Libération*, *L'Équipe*, *Le Point*, *Le Parisien*, *Le Nouvel Observateur*, *Le Figaro* et *Les Échos*) s'est lié à Orange pour proposer son propre moteur de recherche d'actualités, alternative à Google News.

La **co-traitance**, ou Groupement Momentané d'Entreprises (GME), est la situation dans laquelle deux ou plusieurs entrepreneurs constituent un groupement momentané dans le but d'entretenir entre eux des liens juridiques, économiques et financiers. Toutefois, la base du rapprochement est uniquement contractuelle, il n'y a aucune structure commune. Ce rapprochement a un caractère temporaire et disparaît après la réalisation du marché.

STMicroelectronics a annoncé sa sortie du marché des puces pour terminaux mobiles. Cela implique un désengagement de ST-Ericsson, sa co-entreprise (**joint-venture**) à 50/50 avec le Suédois Ericsson. Ericsson est l'un des fournisseurs d'infrastructures télécoms. Il intervient également pour les entreprises, les administrations et les collectivités locales en expertise et en services télécom.

1 Précisez pour chaque forme présentée le type de coopération : contractuelle ou structurelle.

2 Réalisez un schéma montrant les formes de coopération horizontales (entre acteurs au même niveau de la filière) et verticales (entre acteurs situés à des niveaux différents de la filière).

3 Mettez en évidence les avantages de cette coopération interentreprises.

2 Quels sont les avantages du contrat de franchise ?

MISE EN SITUATION

Julia est salariée dans un salon de coiffure depuis une dizaine d'années. Elle a mis de côté quelques économies et souhaite ouvrir son propre salon. Toutefois, elle se pose la question d'un salon individuel ou d'une franchise. D'autres paramètres sont à prendre en compte pour la création de son entreprise : elle dispose de 50 000 € d'économies et souhaite protéger son patrimoine personnel. De plus, elle voudrait être la seule maître à bord.

1 Appréciez chacune des solutions.

2 Conseillez Julia sur le choix le mieux adapté.

3 Proposez la (les) structure(s) juridique(s) répondant à ses besoins.

Ressource 4 Entreprise et structures juridiques

L'entreprise est avant tout un concept économique.
L'entreprise individuelle n'est pas une forme juridique distincte de la personne physique qui la crée. L'entrepreneur individuel peut limiter sa responsabilité en optant pour l'EIRL. Il peut aussi choisir de développer son activité en créant une personne morale distincte : EURL, SARL ou encore SA ou SAS.
De même pour « ouvrir » une franchise, c'est-à-dire signer un contrat de franchise, il n'y a pas de forme juridique spécifique. Si le droit a prévu les modes de coopération, il ne présage pas des types de structures juridiques qui vont nouer cet accord. Ainsi lors d'un accord de franchise, le franchisé pourra opter, lorsqu'il créera son entreprise, pour une EIRL, une EURL, une SARL ou encore une SA… Tout cela dépendra du nombre d'associés, des fonds dont disposera le (ou les) créateur(s), de la protection financière espérée, etc.

1 Montrez que la situation juridique n'influe pas la coopération.

Ressource 5 La franchise, une opportunité

Pourquoi une entreprise indépendante et florissante deviendrait-elle membre d'un réseau de franchise ? Si ce genre de transition demeure très faible au regard des créations d'entreprises, la tendance va en s'accélérant. Si bien qu'en 2012, 40 % des franchiseurs proposent la franchise de conversion. Outre la notoriété du réseau, le nouveau franchisé accède à une puissance de frappe marketing et commerciale d'envergure tout en réduisant considérablement le risque d'échec. Ces avantages pèsent souvent bien plus dans la balance que le droit d'entrée et les redevances. Côté tête de réseau, le franchiseur gagne un manager expérimenté et sa zone de chalandise tout en effaçant du marché un concurrent. Reste à peaufiner le contrat, ce qui n'est pas une mince affaire. […]

Vigilance de rigueur dans les clauses négociables

[…] Le franchiseur peut légalement imposer toutes les conditions d'exercice, à condition que le franchisé sache sciemment vers quoi il s'engage. Au préalable, ce dernier doit donc considérer chaque clause une par une, sur le long terme ; par exemple, négocier une adaptation de ses commandes en fonction de la population de sa zone de chalandise […]. Le futur franchisé doit absolument concevoir son développement en franchise par le prisme de son expérience déjà vécue. La cohérence entre le modèle d'affaires existant et l'offre de compétences supplémentaires demeure la principale équation à résoudre. […]

G. Framery, « La reconversion en franchise », *Le Nouvel Économiste*, le 8 novembre, 2012.

2 Rappelez ce qu'est une franchise.

À partir de la ressource 6 :

1 Caractérisez les éléments du contrat de franchise.

2 Expliquez en quoi le contrat de franchise répond aux besoins des deux parties.

3 Mettez en évidence que la franchise est un mode de coopération des entreprises.

Ressource 6 Exemple de contrat

CONTRAT DE FRANCHISE

Entre les soussignés :
M. Tristan Dubois, propriétaire du local de 300 m^2 situé 12 rue de la Poste 74 000 Annecy ci-après dénommé « le franchisé » et,
La société ZORA France représentée par son président M. Jean Friton ; commerce de détail en habillements spécialisés ; enregistré au registre de commerce et des sociétés au numéro 555765890 ; dont le siège social se situe au 35 rue Buffon, 75 005 Paris ci-après dénommé « le franchiseur » ; il a été exposé et convenu ce qui suit :
Le franchisé souhaite signer un contrat d'exclusivité de vente avec la société ZORA France, il s'engage à mettre à disposition du franchiseur son expérience et accepte de vendre dans son local uniquement la marchandise du franchiseur.
La société ZORA France, créée le 12 février 1998 faisant partie du groupe ITEXT, possède 125 points de vente en France. Elle s'engage par le présent contrat à transmettre tout son savoir et son savoir-faire au franchisé qui en contrepartie devra s'acquitter d'un droit d'entrée et devra verser des redevances au franchiseur.

Obligations du Franchiseur

Le savoir-faire : selon la définition du règlement communautaire de 1999, il s'agit d'un « ensemble d'informations pratiques non brevetées, testées par le franchiseur, constituant un ensemble substantiel, identifié et secret ». Le franchiseur doit communiquer au franchisé son véritable savoir-faire au moment de la formation du contrat et ce tout au long de son exécution. Ainsi, dès la conclusion du contrat, le franchiseur donnera au franchisé un manuel d'instructions, des documents explicatifs, de la documentation de prototypes, des échantillons, ou plus simplement une assistance technique directe. Le franchiseur apporte son savoir-faire au franchisé sur la marchandise fournie et en garantit la qualité. Il a pour obligation de transmettre son savoir-faire concernant le produit vendu et de garantir une image reconnue de la marque pour le franchisé. Il apporte une assistance et une formation concernant les techniques commerciales propres à la marque.
L'exclusivité : le franchiseur a pour obligation de donner la nature de l'exclusivité territoriale au franchisé et de préciser l'état de la concurrence pour ce dernier.
Assistance : le franchiseur apportera au franchisé une assistance technique et commerciale avant et pendant l'ouverture du point de vente et ce en permanence. Le contrat de franchise étant évolutif, le franchiseur devra informer son franchisé des nouvelles méthodes pratiquées qu'elles soient techniques ou comptables.
Marque, enseigne, logo : le franchiseur se doit de transmettre à son franchisé la jouissance de l'enseigne, du nom commercial, de la marque de fabrique, du sigle et du logo.
Le conseil, le contrôle : le franchiseur a l'obligation de contrôle. Il est tenu que le franchiseur conseille le franchisé afin que ce dernier puisse réaliser pleinement les objectifs de la franchise. De plus, le franchiseur a un droit de contrôle sur les comptes financiers du franchisé.
Coopération, prêt, matériel : le franchiseur devra acquitter le franchisé en matériel nécessaire à la vente de certains produits spécifiques. Type : présentoirs, étalages spécifiques ou encore décorations saisonnières.

Obligations du Franchisé

Le savoir-faire : le franchisé a pour obligation de reproduire le savoir-faire inculqué par le franchiseur dans son magasin en excluant le seul produit.
L'exclusivité d'approvisionnement : le franchisé est dans l'obligation de s'approvisionner exclusivement chez son franchiseur et/ou chez les fournisseurs désignés par celui-ci. La durée du contrat est limitée à cinq ans.
L'exclusivité de revente : le contrat est ici un contrat d'offre exclusive ce qui signifie que le franchisé a pour obligation de commercialiser uniquement les produits fournis par le franchiseur.
Publicité, formations et informations : le franchisé s'engage à respecter les obligations de qualité et d'image de ZORA. Le franchisé devra former son personnel en respectant les normes édictées par le franchiseur. Le franchisé se doit de respecter la politique de communication menée par le franchiseur.
Promotion de la marque : le franchisé a obligation de collaborer loyalement à la réussite du réseau auquel il a adhéré. Il adhère à un concept, il est tenu de promouvoir la marque comme le franchiseur.
Les redevances : le franchisé devra s'affranchir de redevances chaque année à hauteur de 5 % de son chiffre d'affaires HT. Cette redevance permettra la formation du personnel, la publicité, l'assistance et les services proposés par le franchiseur.
Droits d'entrée : le concessionnaire devra payer au concédant une redevance initiale forfaitaire s'élevant à 10 000 euros, celle-ci se distinguant de l'investissement effectif réel de départ supposé par la création d'une exploitation. Ce droit d'entrée rémunère la notoriété de l'enseigne à laquelle le franchisé accède, la cession d'un savoir-faire et une assistance initiale de la part du franchiseur.
Durée du contrat : le présent contrat est conclu à compter du 24 décembre 2012 pour une durée de cinq ans. [...]

Fait à Paris, le 22 décembre 20XX
Signature du franchiseur
Jean Friton

Signature du franchisé :
TDubois

Activités

Vrai ou faux ?

Répondez par vrai ou faux aux affirmations suivantes.

	VRAI	FAUX
1 Les entreprises en concurrence sur un marché ne coopèrent jamais entre elles.	❑	❑
2 Le contrat de concession permet à un fournisseur de distribuer en exclusivité ses produits à des distributeurs qui vont les revendre sur le territoire.	❑	❑
3 La sous-traitance consiste à confier une partie du contrat d'entreprise à des entreprises indépendantes.	❑	❑
4 Dans le contrat de concession, le concédant doit garantir l'exclusivité de la marque, de l'enseigne, dans le secteur géographique consenti au concessionnaire.	❑	❑
5 Le contrat de franchise est un contrat par lequel le franchiseur, propriétaire d'une marque ou d'une enseigne met à la disposition du franchisé sa marque et ou son enseigne.	❑	❑
6 Dans le contrat de franchise, le franchiseur doit mettre à la disposition du franchisé son savoir-faire et une assistance technique.	❑	❑
7 La co-traitance permet la mise en place d'une structure juridique commune.	❑	❑
8 Le GIE permet la mise en place d'une structure juridique commune.	❑	❑

@ Sur le Net

Quelle différence entre contrat de franchise et licence de marque ?

http://www.youtube.com/watch?v=slzbO7u3Usk

- Citez les éléments qui différencient le contrat de franchise et la licence de marque.

Mots croisés

Complétez la grille suivante.

Horizontalement

1. Paiement qui doit être effectué à une date déterminée.
2. Droit d'utiliser une marque, une raison sociale concédée par une entreprise à une autre.
3. Compétence.
4. Accord entre deux personnes.

Verticalement

5. Lien contraignant une personne à faire ou ne pas faire.
6. Accord contractuel pour vendre un produit ou un service d'une manière exclusive.

Résoudre un cas pratique

MÉTHODOLOGIE
VOIR FICHE 7

CAS FRANCHISE ET EXCLUSIVITÉ TERRITORIALE

Sara Frizo a conclu, en mars 2010, un contrat de franchise dans le domaine du bien-être et de la relaxation. Il était convenu, dans son contrat, qu'elle bénéficierait d'une exclusivité territoriale d'exploitation dans un périmètre de 100 km autour de son salon jusqu'à la fin de son contrat. En mai 2012, elle constate que l'enseigne a concédé un contrat de franchise à 98 km de son salon et ouvert un site internet afin de vendre les produits de la marque. Elle considère que le franchiseur n'a pas respecté ses obligations contractuelles et souhaite intenter une action en justice.

1. Résumez les faits.
2. Formulez le problème de droit.
3. Exposez la règle de droit applicable.
4. Proposez une solution au problème de Sara.

DOCUMENT 1 **Article 1134 du Code civil**

Les conventions légalement formées tiennent lieu de loi à ceux qui les ont faites.
Elles ne peuvent être révoquées que de leur consentement mutuel, ou pour les causes que la loi autorise.
Elles doivent être exécutées de bonne foi.

DOCUMENT 2 **Cour de cassation, chambre commerciale, arrêt du 14 mars 2006**

Vu l'article 1134 du Code civil ;
Attendu, selon l'arrêt déféré, que, selon contrat de franchise du 24 mars 1998, la société Flora Partner (le franchiseur) a concédé à la société Laurent X... Rouvelet-LPR (le franchisé), ayant pour gérant M. X..., le droit exclusif d'exploiter jusqu'au 24 octobre 2003, sous la marque, l'enseigne et avec les techniques « Le Jardin des fleurs » un magasin situé dans le sixième arrondissement de Marseille ; que l'article 7-3 de ce contrat stipulait : « l'exclusivité territoriale implique que le franchiseur s'engage, pendant la durée du présent contrat, à ne pas autoriser l'ouverture d'autres points de vente Le Jardin des fleurs dans le territoire d'exclusivité susmentionné, en dehors de celui du franchisé » ; que fin 1999, le franchiseur a ouvert un site internet sous l'enseigne « Le Jardin des fleurs » ; qu'estimant que le franchiseur avait violé la garantie contractuelle d'exclusivité, le franchisé et M. X... ont assigné celui-ci en résiliation du contrat de franchise et en paiement de dommages-intérêts ;
Attendu que pour déclarer la convention rompue aux torts exclusifs du franchiseur, l'arrêt retient que l'obligation d'exclusivité territoriale essentielle et déterminante pour le franchisé devait le protéger de toute vente à l'initiative du franchiseur, directement ou indirectement, et que la vente sur internet, bien que constituant une vente passive, porte atteinte à cette exclusivité dès lors qu'elle est réalisée sans contrepartie financière pour le franchisé qui, néanmoins, contribue au fonctionnement du site par prélèvement effectué sur la redevance communication qu'il verse au franchiseur ;
Attendu qu'en statuant ainsi, alors qu'il résultait de ses constatations que le contrat souscrit par les parties se bornait à garantir au franchisé l'exclusivité territoriale dans un secteur déterminé et que la création d'un site internet n'est pas assimilable à l'implantation d'un point de vente dans le secteur protégé, la cour d'appel a violé le texte susvisé, peu important le règlement CE n° 2790/1999 de la Commission CE du 22 décembre 1999, inapplicable en l'espèce ;
DÉCISION

Par ces motifs, [...] Casse et annule [...]

Le partenariat

1 Quelles sont les formes de coopération d'entreprise ?

Coopération interentreprises

- **Coopération verticale** accord entre deux ou plusieurs entreprises indépendantes situées à des niveaux différents de la filière
  - Franchise
  - Concession
  - Contrat de sous-traitance
  - Groupement d'Intérêt Économique (GIE)
- **Coopération horizontale** accord entre deux ou plusieurs entreprises indépendantes situées au même niveau de la filière
  - Joint venture (co-entreprise)
  - Groupement d'Intérêt Économique (GIE)

2 Quels sont les avantages du contrat de franchise ?

Franchise

- **Avantages pour le franchisé**
  - Transmission des signes distinctifs
  - Transmission du savoir-faire
  - Assistance technique
  - Exclusivité territoriale (non obligatoire)
- **Avantages pour le franchiseur**
  - Versement d'un droit d'entrée et d'une redevance
  - Respect des normes
  - Respect de la confidentialité en matière de savoir-faire
  - Approvisionnement exclusif (le cas échéant)

MOTS-CLÉS

- Coopération inter-entreprise
- Concession
- Franchise
- Franchiseur
- Franchisé
- Coopération horizontale
- Coopération verticale

Dossier Spécial Bac

FICHE MÉTHODE 1

PRÉPARATION AU BAC

L'épreuve de droit au baccalauréat STMG

1 Définition de l'épreuve

1. Rappel du règlement d'examen

Épreuve écrite.

Durée : 3 heures.

Coefficient : 5.

2. Objectifs de l'épreuve

L'épreuve est composée de deux parties indépendantes : une partie juridique et une partie économique.

Les deux parties de l'épreuve sont indépendantes mais d'un poids égal dans la notation. Nous vous conseillons donc comme la définition de l'épreuve de consacrer autant de temps à chacune des parties. Il faut donc surveiller sa montre pour ne pas « maltraiter » l'une des deux parties.

2 La partie Droit à l'écrit

L'épreuve porte sur le programme de droit des deux années. N'oubliez pas d'intégrer le programme de première dans vos révisions. Pour chaque thème, il faut revoir les parties les plus propices à la réalisation de l'épreuve, en effet, certaines parties prêtent davantage à la conception d'un cas pratique.

Objectif et Critères d'évaluation

Le sujet qui vous sera remis se présentera sous la forme d'un dossier comportant une ou plusieurs situations juridiques concrètes accompagnées éventuellement de ressources documentaires et d'un questionnement en relation avec l'un ou plusieurs des 9 thèmes du programme.

Il vise votre capacité à analyser une ou plusieurs situations juridiques et à construire une argumentation pertinente au regard du problème posé.

En particulier, les correcteurs attendront de vous :

- une qualification juridique de la situation [→ fiche 5 sur la qualification juridique] ;
- la formulation d'un problème juridique ;
- l'identification de la ou les règles juridiques applicables aux faits qui vous sont soumis [→ fiche 8 sur l'analyse d'un cas de responsabilité] ;
- la formulation de la ou les solutions juridiques possibles [→ fiche 6 sur l'argumentation] en justifiant cette solution au moyen d'arguments.

Vous devrez donc avoir recours à un vocabulaire adapté.

Conseils

Quel que soit le travail demandé, il faut éviter :

- la récitation d'une question de cours, en délivrant un savoir purement livresque,
- la recopie de tout ou partie des documents,
- la paraphrase.

Vous devez être capable de :

- dégager l'essentiel de l'accessoire (la qualification juridique doit vous y aider),
- synthétiser l'intérêt des documents ressources,
- rechercher dans vos connaissances les éléments utiles à la réalisation du travail demandé,
- ordonner votre réponse en fonction de la question posée.

3 L'épreuve de contrôle

Si, par malchance, vous n'avez pas obtenu 10 de moyenne générale et plus de 8, vous serez invité à passer l'oral de contrôle.

Si vous choisissez l'épreuve d'économie-droit, vous disposerez d'un temps de préparation de 20 minutes pour l'épreuve qui dure également 20 minutes. Le coefficient est identique à celui de l'épreuve écrite.

L'épreuve porte sur les mêmes programmes qu'à l'écrit. Elle a le même objectif.

Modalités

Vous disposerez d'un sujet n'excédant pas trois pages, composé d'un ou plusieurs documents accompagnés d'une ou plusieurs questions portant soit sur le programme de droit soit sur le programme d'économie.

Dans un premier temps le candidat présente pendant 10 minutes, au maximum, les réponses aux questions posées dans le sujet.

Dans un second temps l'examinateur invite le candidat à expliciter, approfondir et justifier les réponses proposées précédemment et l'interroge si nécessaire sur le ou les champs de connaissances correspondant au sujet proposé.

Critères d'évaluation

L'épreuve vise à évaluer vos connaissances et vos capacités à :

- analyser des phénomènes économiques ou juridiques ;
- interpréter leur sens et mesurer leur portée ;
- mettre en œuvre des compétences méthodologiques pour mener à bien cette analyse ;
- construire et présenter un raisonnement ou une argumentation économique ou juridique à partir d'une thématique donnée.

PRÉPARATION AU BAC

La démarche du jour J

Le sujet que vous recevrez le jour J se compose d'un questionnement plus ou moins détaillé et d'un dossier documentaire. Le but est de vous évaluer sur un cheminement de pensée juridique.

Ainsi on pourra vous demander de réaliser :

- une qualification juridique [→ fiche 5],
- d'analyser un cas de responsabilité [→ fiche 8] et d'argumenter votre propos [→ fiche 6]. Et cela à partir de documents issus de la jurisprudence [→ fiche 3] ou d'une situation contractuelle [→ fiche 4].

Aussi, il est important de suivre les étapes que nous vous proposons ici, afin d'analyser votre sujet pour en comprendre les consignes et les objectifs.

1 La lecture du sujet

Nous prenons pour exemple le sujet 1 : Responsabilité contractuelle ou délictuelle ?

La lecture du sujet doit vous permettre dans un premier temps de comprendre le contexte juridique du cas et réfléchir en juriste en qualifiant les faits.

Dans notre premier sujet, des dommages ont été subis par un enfant (victime) jouant dans une aire de jeu attenante au restaurant dans lequel il a pris un repas avec ses parents (contrat).

La lecture du sujet et du questionnement doit dans un second temps vous permettre d'identifier les thèmes du programme abordés dans le sujet. Nous vous rappelons que les sujets peuvent porter aussi bien sur des thèmes vus en Terminale qu'en Première.

Ce repérage des thématiques implique de votre part de commencer à mobiliser vos connaissances.

Pour notre exemple, il s'agit d'un cas pratique portant sur la responsabilité et sur le contrat.

Les annexes du dossier documentaire vous fourniront ensuite des informations supplémentaires, pour circonscrire le cas. Mais vous ne devez pas considérer que ces annexes vous fourniront TOUTES les connaissances utiles.

Une lecture plus précise des annexes vous permettra d'extraire les idées sur lesquelles vos réponses pourront s'appuyer et comment les organiser entre elles.

Ici, le sujet porte sur la responsabilité contractuelle et la responsabilité délictuelle.

2 L'analyse du travail à faire

Le travail à faire peut être rédigé de plusieurs façons.

En général, chaque travail à réaliser commence par un verbe d'action que vous devez bien comprendre. Vous devez vous poser deux questions :

- quel est le travail attendu ?
- quelles sont les notions juridiques que vous devez utilisées ?

Vous devez aussi tenter de comprendre le lien qui existe entre elles pour avoir une vision globale du devoir qui vous est proposé.

Pour notre sujet modèle,

La question 1 est un exercice habituel de qualification juridique [→ fiche 5] : il faut traduire en termes juridiques les faits en éliminant les informations peu importantes.

La question 2 est un exercice de recherche et de définition. Telle qu'elle est posée, elle suggère que tous les éléments de la liste ne permettront pas une action de la part des parents. Le préjudice de l'enfant n'est pas forcément le même que celui des parents. Indiquez signifie repérez. Il ne faut donc pas apporter de longues explications, mais il faut néanmoins justifier la réponse.

Concernant la question 3, vous entrez dans l'analyse. Attention, il y a apparemment deux parties dans la question : « Recherchez les arguments ET les fondements juridiques ». Mais les arguments reposent forcément sur des fondements juridiques, il ne faut donc faire qu'une partie pour répondre.

Enfin la question 4 finalise l'analyse. Chaque argument de l'exploitant doit être étudié séparément.

Dossier spécial Bac

3 La construction des réponses

Avant de vous lancer dans la rédaction de votre réponse, nous vous conseillons de construire un tableau des arguments favorables et défavorables. Votre argumentation doit conduire à la réponse que vous souhaitez en utilisant les différents arguments de votre tableau.

Exemple pour la question 1 du sujet,

Faits bruts	Qualification juridique
Pour son anniversaire, les parents de Raphaël, 11 ans,	Un enfant mineur, accompagné de ses parents
ont décidé de lui offrir le restaurant [...] les enfants se rendent dans l'aire de jeux attenante au restaurant.	dans l'aire de jeux attenante au restaurant
En descendant d'un portique ; Raphaël se blesse au doigt [...] dans un grillage de protection qu'il venait d'enjamber.	Se blesse en enjambant un grillage de protection
Plusieurs jours après, les parents réclament en leur nom et au nom de Raphaël la réparation de leur préjudice qu'ils détaillent ainsi : - Soins médicaux 800 euros par ailleurs pris en charge par la Sécurité sociale - Perte d'une demi-journée de travail pour conduire l'enfant aux urgences ; - Préjudice moral : 500 euros ; - Nettoyage du blouson de l'enfant tâché par le sang 20 euros.	Préjudices patrimoniaux et extra-patrimoniaux de l'enfant et des parents
L'exploitant refuse de payer les dommages pour trois raisons : - un panneau avait été installé devant l'aire de jeux indiquant que les jeux sont utilisés sous la responsabilité des parents et que le restaurant n'est pas responsable des dommages ; - l'enfant a commis une faute en enjambant un grillage de protection, il est donc responsable de son dommage ; - l'exploitant n'est pas assuré pour les dommages causés aux tiers non contractants.	Refus de payer de l'exploitant pour trois raisons : - affiche de décharge de responsabilité - faute de la victime - absence de couverture d'assurance

FICHE MÉTHODE 3 PRÉPARATION AU BAC

Lire une décision de justice

Au cours de votre formation, et pour l'examen, vous serez confronté à la lecture de décisions de justice. Celles-ci peuvent émaner de juridictions du fond (tribunaux d'instance ou de Grande instance) ou de la Cour de cassation. L'objectif de cette fiche méthode est de vous aider à retirer les informations utiles dans une décision de justice pour pouvoir les utiliser dans une argumentation.

Toute décision de justice oppose deux parties qui soumettent un différend à un juge.

Devant les juridictions du fond, chaque partie invoque des moyens de fait et des moyens de droit pour soutenir ses prétentions (ce qu'elle demande au juge). Le juge est tenu par la demande faite par les parties mais il peut modifier les moyens de droit invoqués par les parties à tous les stades de la procédure à condition de respecter le principe du contradictoire. Pour cela, il demandera aux parties de déposer de nouvelles conclusions correspondant au nouveau moyen de droit.

Devant la Cour de cassation, le demandeur conteste la décision des juges du fond sur le plan de la conformité au droit. Ainsi, seuls les moyens de droit feront l'objet d'un débat. La Cour de cassation n'est pas un troisième degré de juridiction.

1 Structure d'une décision

Juridiction – date – Nom des parties en distinguant le demandeur et le défendeur.

L'identification de la juridiction est une information essentielle. S'il s'agit d'une décision d'un tribunal d'instance, la portée de la décision n'est pas la même que si la décision provient de l'assemblée plénière de la Cour de cassation.

La date vous renseigne sur l'actualité de la décision. Attention certaines décisions anciennes ont posé des principes fondamentaux qui restent encore en vigueur aujourd'hui (par exemple l'arrêt Mercier de 1936 qui pose le caractère contractuel de la responsabilité médicale et limite l'obligation du médecin à une obligation de moyen).

Les faits : vous devez vous attacher à identifier les qualifications juridiques utiles (voir fiche méthode sur la qualification juridique). Il faut retenir les termes de victime, demandeur, prétention, faute, accident, recours... et se débarrasser de toute mention purement anecdotique.

La procédure antérieure : dans certains cas, il est possible de retracer l'ensemble de la procédure suivie : première instance, appel, cassation, renvoi en Cour d'appel... à chaque stade de la procédure, vous pouvez repérer les moyens invoqués par les parties et le sens de la décision.

Dans les arrêts de la Cour de cassation, il est important de repérer si la décision de la Cour d'appel confirme ou infirme le jugement de première instance.

Dans d'autres décisions, la procédure antérieure n'apparaît hélas qu'en filigrane.

Les thèses en présence (ou arguments des parties) : il faut distinguer les deux positions qui s'affrontent.

Pour les décisions au fond (jugement de 1re instance ou arrêt de cour d'appel) le demandeur à l'action s'oppose au défendeur à l'action. Les faits autant que les moyens de droit peuvent être contestés.

Pour les arrêts de la Cour de cassation, le demandeur au pourvoi (qui n'est pas forcément le demandeur initial à l'action) s'oppose à la décision des juges du fond (généralement la cour d'appel).

C'est ici qu'il faut être vigilant les contresens sont possibles La lecture doit être très attentive à la construction des phrases.

Le problème juridique : la confrontation des deux parties devant le juge peut se synthétiser en une question unique : le problème juridique. Le problème juridique, généralement interrogatif, doit être identifié en des termes généraux faisant abstraction des éléments factuels de l'affaire.

La solution retenue : vous devez impérativement repérer le sens de la décision (le dispositif) et en recherchez l'explication à partir de la décision qui vous est soumise, de vos connaissances et/ou de la documentation qui vous est fournie.

Dossier spécial Bac

2 Exemple

LA COUR DE CASSATION, CHAMBRE SOCIALE **jeudi 15 décembre** 2011	Il s'agit d'une décision récente relative à un conflit du travail
Attendu, selon l'arrêt attaqué (Metz, 14 juin 2010), qu'engagé le 16 décembre 1996 en qualité d'aciériste par la société Akers France, M. Y… **a été licencié** pour faute **grave pour avoir consommé de l'alcool** sur le lieu de travail ;	Un salarié conteste son licenciement pour faute grave motivé par la consommation d'alcool sur le lieu de travail.
Attendu que l'employeur fait grief à l'arrêt de le condamner au paiement des indemnités légales et conventionnelle de rupture et de dommages-intérêts pour licenciement sans cause réelle et sérieuse, alors, selon le moyen :	La cour d'appel retient que le licenciement est abusif car dépourvu de cause réelle et sérieuse.
1°/ que le règlement intérieur de l'entreprise prohibe expressément l'introduction d'alcool sur le site, ainsi que le fait d'y pénétrer ou séjourner en état d'ivresse ; que dénature les termes clairs et précis de ce règlement et viole les articles 1134 du Code civil et L. 1321-1 du Code du travail la cour d'appel qui considère que ce règlement intérieur de la société Akers ne prohiberait pas formellement toute consommation d'alcool sur le lieu de travail ;	Le demandeur au pourvoi (la société Akers) estime que la cour d'appel a dénaturé le règlement intérieur qui interdit l'introduction d'alcool et l'état d'ivresse interdit car elle n'a pas conclu que de fait toute consommation d'alcool sur le lieu de travail était interdite.
2°/ qu'indépendamment même des stipulations du règlement intérieur, en vertu du contrat de travail l'employeur est tenu envers le salarié d'une obligation de sécurité de résultat ; qu'en application de ce principe général, la société Akers était en droit de faire usage de son pouvoir disciplinaire à l'encontre d'un salarié dont il était avéré que celui-ci avait consommé de l'alcool sur le lieu de travail, peu important que son état d'ivresse manifeste, en dépit des nombreuses présomptions en ce sens, n'ait pas été formellement établi ; qu'ayant ainsi constaté que M. Y…, salarié travaillant sur un site industriel potentiellement dangereux, avait participé à un événement festif non autorisé dans l'enceinte de l'entreprise au cours duquel il avait consommé de l'alcool, viole les articles L. 1221-1, L. 1234-1, L. 1234-5, L. 4121-1 et L. 4122-1 du Code du travail la cour d'appel qui décide qu'un tel comportement ne présenterait pas un caractère fautif ;	Argument supplémentaire du demandeur au pourvoi : la cour d'appel a violé les textes qui imposent à l'employeur une obligation de sécurité de résultat en ne lui permettant pas d'utiliser son pouvoir disciplinaire contre le salarié coupable d'avoir consommé de l'alcool.
Mais attendu qu'ayant relevé, hors toute dénaturation, que le salarié avait à la fin de sa journée de travail, participé à un "pot" organisé dans l'entreprise sans autorisation de l'employeur et avait consommé modérément des boissons alcoolisées, son état d'ébriété n'étant pas démontré, la cour d'appel a pu décider que le fait reproché à ce salarié qui en dix années au service de l'employeur n'avait fait l'objet d'aucune sanction, ne constituait pas une faute grave ; qu'exerçant les pouvoirs qu'elle tient de l'article L. 1235-1 du Code du travail, elle a décidé que le licenciement était dépourvu de cause réelle et sérieuse ; que le moyen n'est pas fondé ; PAR CES MOTIFS : REJETTE le pourvoi ; Condamne la société Akers France aux dépens ;	La Cour de cassation confirme la décision des juges du fond qui ont pu décider que le salarié n'avait pas commis de faute grave parce qu'il n'avait pas introduit d'alcool dans l'entreprise et n'était pas en état d'ivresse.

FICHE MÉTHODE 4

PRÉPARATION AU BAC

Lire ou rédiger un contrat

Le contrat, c'est la loi entre les parties. Le législateur confère à cette loi, dérogatoire à la loi générale, une force obligatoire entre les parties et seulement entre elles. Faites bien la différence entre les conditions générales identiques pour tous les clients et les conditions particulières spécifiques à chaque contractant.

Pour analyser ou rédiger un contrat, on peut se servir de contrats existants (demandez le contrat de travail de vos parents). On peut également rechercher des modèles de contrat. Certains modèles vierges existent dans le commerce (contrat de bail), dans les ouvrages juridiques ou sur internet.

Pour tous les contrats conclus avec les consommateurs, les professionnels doivent tenir préalablement à tout contrat, des exemplaires de leurs conditions générales à disposition et sur simple demande de leur client potentiel.

1 Pour analyser un contrat

Vous pouvez vous constituer une grille d'analyse en incorporant les points suivants :

Nom du contrat - identification des parties en présence - obligations de chaque partie - date d'effet - durée - conditions de résiliation ou de résolution - sanctions en cas d'inexécution.

Vous pouvez ensuite rechercher les différents caractères du contrat :
- consensuel, solennel, réel ;
- de gré à gré, d'adhésion ;
- unilatéral, synallagmatique ;
- à titre gratuit, à titre onéreux ;
- instantané, successif...

Exemple : à partir du document ci-dessous

Nom du contrat : Contrat de location

Identification des parties en présence : M. Achab loueur et M. Melville locataire

Obligations de chaque partie :
- Loueur : mise à disposition du bateau en bon état de fonctionnement
- Locataire : paiement du prix et de la caution, détention des permis, inventaire lors de la prise de possession, restitution au moment fixé, utilisation conforme

Date d'effet : 3 mai, 14 heures

Durée : 7 jours

Conditions de résolution : absence de paiement préalable, défaut de permis

Sanctions en cas d'inexécution : prise en charge des dommages par le locataire (ou par l'assurance), pénalités en cas de retard dans la restitution du bateau.

Il s'agit d'un contrat nommé, consensuel, de gré à gré, synallagmatique, à titre gratuit, à titre onéreux, instantané (il n'y a pas de renouvellement envisagé).

Dossier spécial Bac

2 Pour rédiger un contrat

Vous devez identifier la volonté des parties et rechercher comment un écrit peut leur apporter une sécurité juridique. Rassurez-vous, dans le cadre du baccalauréat STMG, on ne vous demandera que des dispositions contractuelles relativement simples.

Vous pouvez respecter la démarche suivante.

1 Un questionnement préalable du type QQQOQCP (Qui, Quoi, Quand, Où, Comment, Pourquoi). Quelle est l'opération envisagée ? à quel prix ? dans quels délais ? où ? selon quelles modalités pratiques ?...

2 Le contrat envisagé est-il possible au regard de la loi ? Vérifiez la capacité des parties, la licéité de la cause et de l'objet, le consentement réel des parties.

3 Le contrat envisagé est-il un contrat nommé (vente, location, prêt...) ? Vous devez vous reporter alors aux mentions obligatoires définies dans le Code civil.

4 Le contrat n'est pas défini par le Code civil, vous devez alors recenser les clauses importantes qui permettront à chaque partie de connaître ses obligations et leurs conditions de réalisation.

Les clauses sont rédigées avec des phrases courtes, au présent de l'indicatif. Le contrat est établi en autant d'exemplaires que de parties. Il est signé par chacune des parties.

Exemple : Contrat de location de bateau de plaisance

Entre Monsieur Achab ci-après désigné « le loueur »
Et Monsieur Melville Pierre, ci-après désigné « le locataire »,
il est convenu la location du bateau « NANA », de type Pointu Ponté, année de fabrication 1972,
Du 3 mai 2012 à 14 heures, Jusqu'au 9 mai 2012 à 18 heures,
Pour un prix de 450 euros payable selon les conditions de l'article 3 du présent contrat.

Article 1 : Le locataire affirme qu'il possède les permis exigés par les affaires maritimes. À défaut, le Loueur se réserve le droit à tout moment de refuser la mise à disposition du bateau.

Article 2 : L'acompte, soit 30 % du prix de la location, est payable à la signature du contrat. Le locataire s'engage à effectuer un deuxième versement de 30 %, deux mois avant l'embarquement Le solde est payable au plus tard 10 jours avant la prise de jouissance.

En cas d'annulation du contrat de la part du locataire :
- Plus de 2 mois avant le départ, le loueur conservera 100 euros à titre de dédommagement.
- Moins de 2 mois et plus de 10 jours avant le départ, il sera retenu 50 % du montant de la location.
- Moins de 10 jours avant le départ, il sera retenu 80 % du montant de la location.

En tout état de cause, si le loueur parvient à louer le bateau pendant la période prévue, la totalité des acomptes sera restituée déduction faite d'une somme de 100 euros à titre de dédommagement

Article 3 : Une caution de 2 000 euros est déposée à l'embarquement. Elle constitue une garantie destinée à couvrir la franchise d'assurance, les dégradations anormales du matériel, le délaissement du bateau dans un autre port Elle sera restituée au plus tard dans la semaine suivant le retour de la croisière, si le bateau et le matériel n'ont subi aucun dommage.

Article 4 : Le propriétaire a souscrit une police d'assurance couvrant les risques de navigation, sous réserve d'une franchise dont le montant est de 2 000 euros, les dégâts que pourrait commettre le locataire sur le corps du navire. Le loueur conseille au locataire de souscrire une assurance responsabilité civile pour lui et ses équipiers ainsi que pour les objets personnels.

Article 5 : La libre disposition du bateau sera accordée au locataire lorsqu'il aura reconnu par écrit, que le bateau est en bon état de fonctionnement, qu'il aura pointé et signé l'inventaire. Il devra déposer chez le loueur une photocopie de ses papiers d'identité, de son permis de navigation et la liste des membres d'équipage. Le locataire dispose de 24 heures pour procéder aux essais et contrôles approfondis et faire part au loueur de ses réclamations éventuelles. Passé ce délai, il sera réputé entièrement d'accord sur la conformité du bateau en sa possession et sera responsable de toutes les dégradations.

Article 6 : Tous les combustibles sont à la charge du locataire (essence, fuel, gaz). Le locataire prend garde aux contrôles habituels du moteur (niveau d'huile, eau de refroidissement. eau des batteries.).

Article 7 : Le locataire est tenu de rentrer au port d'embarquement dans les délais prévus au contrat. Dès son retour, le locataire est tenu de signaler sa présence afin de procéder à l'inventaire et à l'inspection du bateau, celui étant au préalablement vidé de tous ses occupants bagages, remis en bon état de fonctionnement, en parfait ordre et de propreté (intérieur et extérieur), les pleins de gasoil et eau faits, une bouteille de gaz neuve. À défaut les frais de nettoyage et de réparations seront à la charge du locataire et seront déduits de la caution.

Chaque heure de retard donnera droit au loueur à une indemnité de 50 euros par heure pour les 6 premières heures et de 200 euros par jour au-delà de 6 heures.

Article 8 : La sous-location et le prêt du bateau sont rigoureusement interdits.

PRÉPARATION AU BAC

Réaliser une qualification juridique

La qualification juridique est la reformulation d'une situation en problématique juridique.

Vous devez donc utiliser les termes juridiques pour qualifier des situations pratiques. Votre expression doit être précise.

Ainsi vous transformerez des faits bruts en faits qualifiés juridiquement ce qui vous permettra d'associer à ces faits des règles juridiques précises.

Concrètement, vous devez vous procéder en deux temps :

1 Supprimer les informations inopérantes

Il faut se garder des qualifications hâtives.

On ne peut écrire que Sonia a volé la montre en or de Mme de la Ripaille. C'est uniquement ce que suppose Mme de la Ripaille.

Il est d'ailleurs possible que ce soit l'horloger qui soit responsable de la disparition de la montre.

2 Qualifier juridiquement les informations utiles pour le cas

Il faut aussi se garder des qualifications trop imprécises.

En l'espèce si la montre a été remise volontairement à Sonia, elle peut être accusée d'abus de confiance mais pas de vol dont la définition juridique est : soustraction frauduleuse des biens d'autrui.

Exemple :

Faits bruts	Faits qualifiés juridiquement
Sonia effectue le ménage régulièrement chez Mme De la Ripaille. Celle-ci lui confie différentes tâches de repassage, de nettoyage des sols. Parfois elle effectue les courses pour Mme de la Ripaille.	Un employeur
Le vendredi 4 mai 201, Mme de la Ripaille confie à Sonia une montre en or pour la porter en réparation chez l'horloger.	dépose une plainte pour vol contre son salarié
Quelques temps après, Mme de la Ripaille se rend chez l'horloger pour récupérer son bien.	Il l'accuse d'avoir soustrait
Celui-ci l'informe qu'aucune montre ne lui a été confiée en réparation.	une montre qui lui avait été confiée afin de le porter en réparation
Mme De la Ripaille porte plainte pour vol contre Sonia	chez un horloger qui prétend ne pas avoir reçu la montre.

FICHE MÉTHODE 6

Dossier spécial Bac

Repérer et développer une argumentation juridique

Le droit qui trouve son application dans la résolution des litiges est une discipline qui utilise l'argumentation d'une façon remarquable.

1 Le syllogisme juridique

Devant le juge, les parties développent des arguments qui ont un seul but : convaincre. Comme le juge dans sa décision, elles utilisent le **syllogisme juridique** qui va conduire à la décision qui leur est favorable.

Le raisonnement syllogistique est en effet contraignant (indiscutable). Si les prémisses (proposition mineure et proposition majeure) sont vérifiées alors la conclusion s'impose.

Bien entendu, **les faits et la qualification juridique** décidée par le juge **sont contestables** devant les juges du fond. Par contre, devant la Cour de cassation, seules les qualifications juridiques sont contestables.

> La forme juridique du raisonnement, c'est le débat contradictoire, et la science du droit retire de là une irréductible originalité : c'est une science du contradictoire. En contraste avec les autres sciences où un problème ne saurait généralement comporter qu'une solution, tout problème, ici, en comporte au moins deux.
>
> J. Carbonnier, *Introduction au droit civil*, hémis PUF, 1992.

Exemple : Le juge raisonne ainsi dans la rédaction de son jugement ou de son arrêt :

« D'après les témoins, les enregistrements vidéos et vos aveux, vous avez taggé le mur de la propriété de votre voisin pour vous venger du tapage nocturne causé par ses enfants tous les jeudis soir.	Les faits : proposition mineure	Prémisses
Article 322-1 du Code pénal : « La destruction, la dégradation ou la détérioration d'un bien appartenant à autrui est punie de deux ans d'emprisonnement et de 30 000 euros d'amende, sauf s'il n'en est résulté qu'un dommage léger. Le fait de tracer des inscriptions, des signes ou des dessins, sans autorisation préalable, sur les façades, les véhicules, les voies publiques ou le mobilier urbain est puni de 3 750 euros d'amende et d'une peine de travail d'intérêt général lorsqu'il n'en est résulté qu'un dommage léger. »	La règle de droit : proposition majeure	Prémisses
Donc vous êtes condamné à...	Application du droit aux faits	Conclusion logique

2 Les autres arguments

L'essentiel du débat devant les juges du fond porte précisément sur les faits – leur réalité (preuves matérielles...) et leur qualification juridique. Vous serez donc amené à argumenter y compris sur des éléments de fait.

Exemples d'arguments de faits et de droits pour contester ou alléger la responsabilité Ils seront laissés à l'appréciation du juge.	• Les enregistrements vidéos ont été obtenus illégalement, ils ne peuvent donc servir de preuve. • Il ne s'agit pas d'un Tag mais d'une œuvre artistique réalisée sur un espace destiné à l'affichage. • Il n'y a aucun esprit de vengeance. • Il s'agit d'une première infraction qui ne mérite pas une forte condamnation. • L'auteur du Tag a promis de venir effacer ou repeindre le mur. • Dans d'autres affaires, les auteurs ont bénéficié d'une relaxe. • Le mur du voisin est dans un état très dégradé.

C'est ainsi que vous devrez procéder lorsque vous proposerez la résolution de cas pratiques (voir fiche XX Résolution de cas pratique).

PRÉPARATION AU BAC

Résoudre un cas pratique

Dans le cas général, il vous sera demandé d'apporter tout ou partie de la solution posée par une situation juridique.

L'essentiel sera pour vous de bien analyser les faits notamment à partir d'une qualification juridique pertinente. Cela vous permettra ensuite de déterminer les bonnes règles applicables aux faits de l'espèce. Vous serez le plus souvent guidé par les ressources à votre disposition.

Exemple : d'après sujet droit STG 2011, Centres étrangers :

Les faits : Monsieur et Madame Fabre souhaitent découvrir la région Midi-Pyrénées pendant leurs congés d'été. Ils réservent par téléphone une chambre double à quatre-vingts euros la nuitée à l'hôtel « Les Myrtilles » de Foix.

Le lendemain de leur installation à l'hôtel, ils décident de profiter des prix détaxés d'Andorre pour acheter plusieurs appareils numériques et hi-fi d'une valeur totale de neuf mille euros. De retour à l'hôtel, ils déposent leurs différents achats avant de partir dîner. En rentrant, ils constatent que la porte de leur chambre a été fracturée et que l'ensemble de leurs achats a été dérobé.

Ils avertissent immédiatement l'hôtelier qui décline toute responsabilité en faisant valoir l'affichette accrochée dans leur chambre. En effet, elle stipule que « l'hôtel n'est pas tenu responsable en cas de vol ».

Dans le sujet tel qu'il a été proposé, le questionnement est plus précis, mais pour mieux comprendre la méthodologie du cas pratique nous nous limiterons à la question centrale : « Monsieur et Madame Fabre veulent démontrer la responsabilité de l'hôtelier pour le vol de l'appareil photo numérique afin d'être dédommagés. »

Annexe 1 : Extraits du Code civil

Article 1927
Le dépositaire doit apporter, dans la garde de la chose déposée, les mêmes soins qu'il apporte dans la garde des choses qui lui appartiennent.

Article 1929
Le dépositaire n'est tenu, en aucun cas, des accidents de force majeure, à moins qu'il n'ait été mis en demeure de restituer la chose déposée.

Article 1932
Le dépositaire doit rendre identiquement la chose même qu'il a reçue. [...]

Article 1952
Les aubergistes ou hôteliers répondent comme dépositaires, des vêtements, bagages et objets divers apportés dans leur établissement par le voyageur qui loge chez eux ; le dépôt de ces sortes d'effets doit être regardé comme un dépôt nécessaire.

Article 1953
Ils sont responsables du vol ou du dommage de ces effets, soit que le vol ait été commis ou que le dommage ait été causé par leurs domestiques et préposés, ou par des étrangers allant et venant dans l'hôtel.

Cette responsabilité est illimitée, nonobstant* toute clause contraire, au cas de vol ou de détérioration des objets de toute nature déposés entre leurs mains ou qu'ils ont refusés de recevoir sans motif légitime.

Dans tous les autres cas, les dommages-intérêts dus au voyageur sont, à l'exclusion de toute limitation conventionnelle inférieure, limitée à l'équivalent de 100 fois le prix de location du logement par journée, sauf lorsque le voyageur démontre que le préjudice qu'il a subi résulte d'une faute de celui qui l'héberge ou des personnes dont ce dernier doit répondre.

Annexe 2

Je me suis fait voler un bijou et un appareil photo dans la chambre d'hôtel. L'hôtelier doit-il me rembourser même si le contrat comporte une clause limitant sa responsabilité ?

Oui. L'hôtelier ne peut pas s'exonérer ou diminuer sa responsabilité par des clauses contractuelles. Toute limitation conventionnelle est nulle. Toutefois, il peut légalement s'exonérer en cas de force majeure (très rare : vol à main armée par exemple) ou s'il prouve que le préjudice est la conséquence d'une faute du client. À défaut d'une telle preuve, le montant du remboursement est en effet limité à 100 fois le prix journalier de la chambre. L'indemnisation doit dans un premier temps être résolue à l'amiable avec l'hôtelier. En cas de difficulté, le client devra le mettre en demeure de l'indemniser. La charge de la preuve lui incombe. Enfin, il est également nécessaire de déposer une plainte auprès du commissariat de police après en avoir informé l'hôtelier.

http://www.leparticulier.fr/jcms/c_93609/litiges-avec-un-prestataire-de-services-ou-un-artisan

Dossier spécial Bac

1 La qualification juridique des faits

[→ fiche 5 sur la qualification juridique]

1.1 Le repérage des informations inutiles

Vous devez reprendre les faits et éliminer l'ensemble des informations non pertinentes d'un point de vue juridique.

Exemple :

« Monsieur et Madame Fabre souhaitent découvrir la région Midi-Pyrénées pendant leurs congés d'été. Ils réservent par téléphone une chambre double à quatre-vingts euros la nuitée à l'hôtel « Les Myrtilles » de Foix.

Le lendemain de leur installation à l'hôtel, ils décident de profiter des prix détaxés d'Andorre pour acheter plusieurs appareils numériques et hi-fi d'une valeur totale de neuf mille euros. De retour à l'hôtel, ils déposent leurs différents achats avant de partir dîner. En rentrant, ils constatent que la porte de leur chambre a été fracturée et que l'ensemble de leurs achats a été dérobé.

Ils avertissent immédiatement l'hôtelier qui décline toute responsabilité en faisant valoir l'affichette accrochée dans leur chambre. En effet, elle stipule que « l'hôtel n'est pas tenu responsable en cas de vol ».

1.2 La rédaction

Deux voyageurs sont victimes d'un vol d'effets personnels déposés dans la chambre de l'hôtel dans lequel ils étaient clients.

2 L'identification des règles juridiques

Une fois les faits juridiquement établis, vous devez mobiliser vos connaissances et/ou les annexes pour trouver les règles juridiques qui s'appliquent.

Exemple :

Ici les annexes vous permettent d'établir que le contrat d'hôtellerie qui lie les voyageurs à l'hôtelier rend celui-ci dépositaire des objets laissés par leurs clients dans leurs chambres (Art. 1952 du Code civil). Il est responsable des objets dans la limite de 100 fois le prix de la chambre sauf cas de force majeure.

3 L'application au cas

Ce dernier temps est celui de la transposition des règles juridiques au cas présenté. C'est donc le temps de votre réponse.

Exemple :

Les époux Fabre peuvent attester du vol de divers objets pour un montant de 9 000 euros. Le vol a eu lieu dans la chambre d'hôtel qu'ils avaient réservée.

Un contrat hôtelier a donc été conclu.

La responsabilité contractuelle de l'hôtelier est engagée. L'article 1952 du Code civil s'applique dans le cas présent.

Attention, lors de votre transposition, vous devez reprendre les faits juridiques, les règles qui s'appliquent, mais aussi les autres éléments de la situation pour aller au bout du raisonnement du cas.

Exemple :

L'affiche informant les voyageurs de la non-responsabilité de l'hôtelier en cas de vol doit être considérée comme une clause de non-responsabilité. Or celles-ci sont interdites dans le contrat hôtelier.

Il doit indemniser ses voyageurs dans les limites de 100 fois le prix de journée (ici 100 × 80 euros).

Les voyageurs ne seront donc pas indemnisés en totalité de leur préjudice qui s'élève à 9 000 euros. Ils recevront 8 000 euros.

Si les voyageurs parviennent à prouver la faute de l'hôtelier, ils pourront obtenir la totalité du remboursement de leur préjudice.

FICHE MÉTHODE 8

PRÉPARATION AU BAC

Analyser un cas de responsabilité

L'analyse de la responsabilité est une affaire complexe avant tout parce que le droit de la responsabilité est complexe. Régime général... régimes spéciaux... exonérations... on peut facilement se perdre !

Avec un peu de méthode, on peut pourtant se faciliter la tâche.

Exemple : Monsieur et Madame LEROY habitent avec leurs enfants un appartement dans la cité des 4 000 à la Courneuve. Ils offrent à leur fils Nicolas une bicyclette pour ses 11 ans. Ce dernier souhaite l'utiliser immédiatement pour aller faire un tour avec ses amis. Dans une grande descente, Nicolas ne parvient pas à freiner et heurte violemment un piéton, Monsieur LACO, qui traversait la route. Monsieur LACO est sérieusement blessé.

Le vélo est maintenant inutilisable. Il ressort des témoignages que Nicolas n'a commis aucune faute. L'expertise de la bicyclette mentionne une défaillance dans le système de freinage. La bicyclette de marque « YAMA » avait été achetée la veille de l'accident chez « LO SPORT ».

1 La qualification juridique des faits [voir fiche 5]

On doit mettre en lumière :

- les acteurs – victime, auteur des faits à l'origine du dommage,
- les relations contractuelles éventuelles entre les acteurs ou leur absence,
- les dommages eux-mêmes,
- les indemnisations déjà perçues.

Exemple : un <u>enfant mineur</u> cause des <u>dommages corporels</u> à <u>un tiers</u> au cours d'un <u>accident</u> causé par le <u>défaut d'une bicyclette</u> « Yama » qui venait d'être <u>achetée par ses parents</u> chez le revendeur « Lo Sport ».

2 L'analyse de la situation

L'analyse proprement dite permet de déterminer la nature de la responsabilité – délictuelle ou contractuelle – et le ou les régime(s) juridique(s) applicable(s).

Nous vous conseillons de suivre le schéma proposé en page suivante pour vous aider.

Exemple : Dans ce cas, les faits mettent en évidence les dommages : corporels causés au piéton et matériels causés au propriétaire du vélo. La responsabilité de ces dommages peut incomber à différents auteurs. Continuons l'analyse à partir de l'organigramme.

- Si les dommages ont bien été causés dans le cadre d'un accident de la circulation, mais aucun véhicule terrestre à moteur n'est impliqué. La Loi du 5 juillet n'est donc pas applicable.
- Le rapport d'expertise fait état d'un défaut de la bicyclette, cause de l'accident. Les dispositions des articles 1386-1 et suivants sont donc applicables.
- Les acteurs de la situation juridique ne sont pas liés par contrat.
- Une chose, la bicyclette intervient dans la réalisation du dommage. Les dispositions de l'article 1384-1 relatives à la responsabilité du fait des choses sont applicables.
- L'auteur de l'accident est un enfant mineur, les dispositions relatives à la responsabilité du fait d'autrui sont également applicables.
- Les faits suggèrent que l'enfant n'a commis aucune faute, dès lors la responsabilité du fait personnel de l'enfant (1382 et 1383 du Code civil), qui est théoriquement applicable, ne sera pas développée ici de même que celles des parents.

3 L'analyse de la responsabilité

L'analyse se poursuit en recherchant si les conditions de la responsabilité propres à chaque régime de responsabilité sont vérifiées dans les faits qui nous sont soumis. De ce point de vue, l'analyse des dommages peut donc être isolée, car elle n'est pas spécifique à un régime de responsabilité en particulier.

Exemple : **La responsabilité de l'enfant.** Fondement : la responsabilité du fait des choses (1384-1). Conditions : rôle actif d'une chose dans la réalisation du dommage. Au moment de l'accident, l'enfant est bien le gardien de la chose (la bicyclette) qui joue un rôle actif dans la réalisation du dommage. Les conditions de la responsabilité du fait des choses sont bien réunies. Seule la preuve de la force majeure pourrait exonérer l'enfant de sa responsabilité. En l'espèce, on pourrait argumenter que la défaillance du système de freinage constitue un événement insurmontable et imprévisible qui caractérise la force majeure. La responsabilité des parents et du fabricant de bicyclette sont analysées selon le même principe.

4 La conclusion

La conclusion est l'occasion de préciser la ou les actions envisageables par la victime et celles qui lui sont plus favorables.

Exemple : En conclusion, c'est normalement le fabricant de bicyclette qui devrait supporter la charge de la réparation des dommages. Soit directement si les victimes agissent en responsabilité contre le fabricant. Soit au titre d'un recours contre le fabricant si les parents (ou l'enfant) sont reconnus responsables sur les fondements de la responsabilité du fait d'autrui et du fait des choses.

Schéma d'analyse

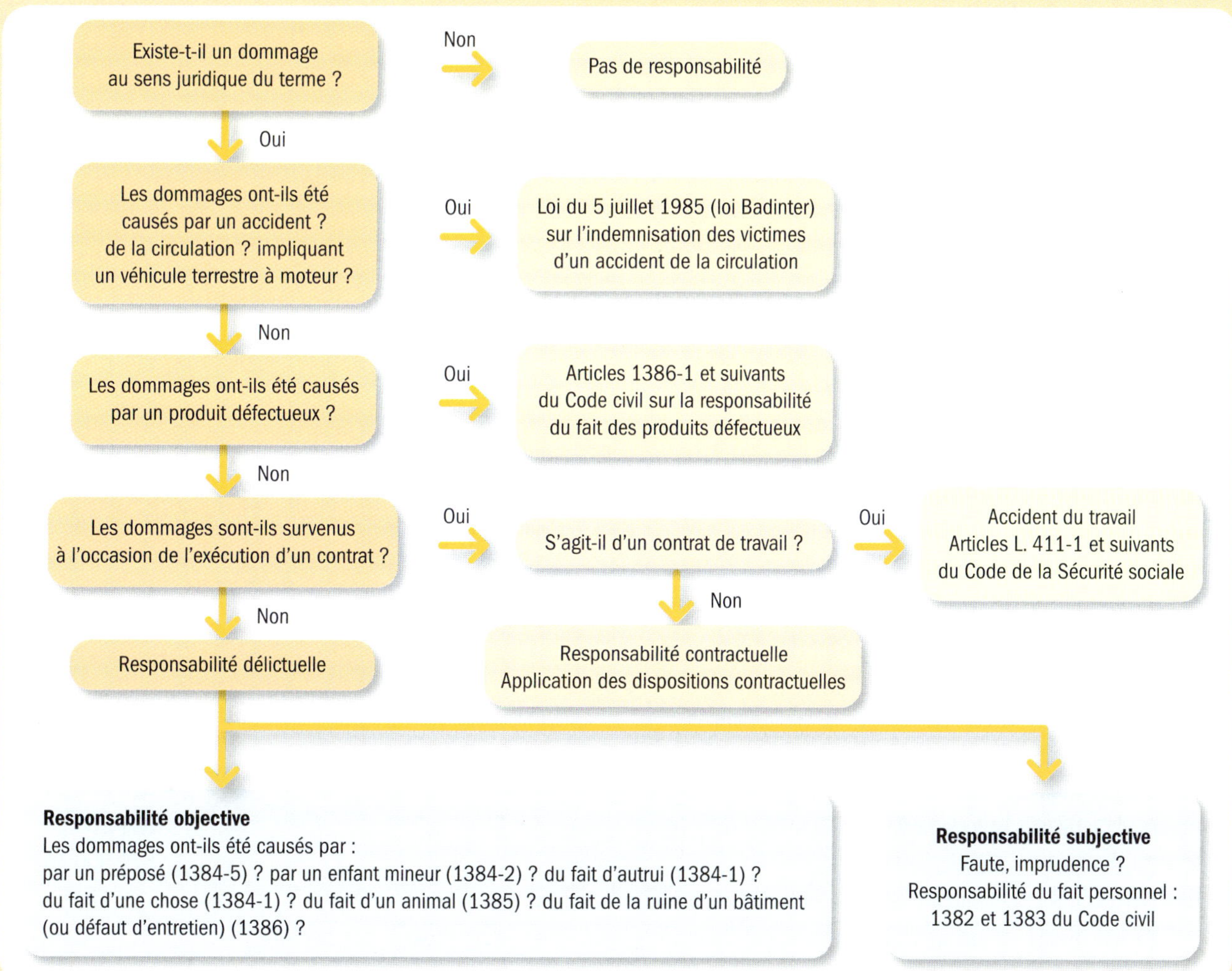

FICHE MÉTHODE 9

PRÉPARATION AU BAC

Rechercher une information juridique

1 Les règles juridiques

« Nul n'est censé ignorer la loi ». Cette maxime juridique bien connue présuppose que les règles de droit sont applicables à tous. Peu importe que nous les connaissions réellement, notre ignorance est sans effet. Connaître toutes les règles de droit est pourtant totalement impossible, même pour votre professeur. Il y a plus de 100 000 lois en activité, près de 1 500 lois nouvelles par an et autant de décrets. L'important, pour vous comme pour les juristes, est donc de savoir rechercher et exploiter l'information juridique utile pour un travail à la maison, pour résoudre une situation juridique ou simplement pour comprendre le monde dans lequel nous vivons.

Les règles de droit sont reproduites dans une centaine de codes qui les regroupent par thème.

Ces codes existent dans des versions papier éditées annuellement par les maisons d'édition (Dalloz, Litec...). Ils sont « annotés », c'est-à-dire que les principales décisions de jurisprudence y figurent accompagnées de notes rédigées par des professeurs de droit. Si vous effectuez une recherche ponctuelle vous trouverez ces codes dans toutes les médiathèques.

Vous avez la chance aujourd'hui d'avoir accès, en quelques clics, à l'ensemble de ces codes sur le site www.legifrance.gouv.fr. Ce site propose également un accès facile à une grande partie de la jurisprudence.

2 Les autres informations juridiques

On trouve tout sur Internet. Tout et même parfois n'importe quoi ! À vous de faire la différence entre le site officiel d'un ministère et le site personnel d'un mordu d'informatique.

N'utilisez jamais une ressource « internet » sans en citer la source. Ne la reproduisez jamais sans demander l'autorisation à son auteur.

De très nombreux sites juridiques de langue française existent (attention ! on parle français aussi au Canada et en Belgique). En France, outre l'intégralité des règles juridiques, on trouve de nombreux portails juridiques sur Internet. Les sites internationaux proposent souvent une version en langue française. Les banques de données juridiques et les sites juridiques professionnels sont payants.

Attention : certains sites en langue française peuvent être très complets s'ils sont canadiens, belges ou suisses et leurs ressources sont rarement exploitables pour un utilisateur français.

3 Moteurs de recherche

Dès qu'on ne sait pas où trouver une information, il est nécessaire de recourir à un moteur de recherche. Lorsque vous tapez un ensemble de caractères (un mot par exemple), ces programmes « auscultent » l'ensemble des pages web disponibles et vous indiquent le lien permettant l'accès à ces pages.

Supposons que vous vouliez faire une recherche sur les conditions de licenciement d'un employé de maison titulaire d'un contrat de travail à durée indéterminée.

Si vous inscrivez *droit du travail*, le moteur de recherche vous renverra toutes les pages dans lesquelles il a « vu » le mot *droit*, le mot *travail* et le mot *du*. Par contre si vous placez entre guillemets « *droit du travail* » le moteur de recherche recherchera l'expression exacte.

Requête	Nombre de pages recensées*
Droit du travail	17 600 000 pages
« Droit du travail »	4 620 000 pages
« Droit du travail » licenciement	947 000 pages
« Droit du travail » licenciement CDD	579 000 pages
« Droit du travail » « contrat à durée déterminée » condition licenciement employé de maison	18 700 pages
« Droit du travail » « contrat à durée déterminée » condition « licenciement d'un employé de maison »	8 pages

* Résultats obtenus sur www.google.fr, en janvier 2012.

3 Moteurs de recherche *(suite)*

En principe, les moteurs de recherche classent les réponses par ordre de pertinence. C'est souvent parmi les vingt premières propositions que vous trouverez les informations recherchées.

Ils proposent en outre de nombreuses options de recherche (date, conditions inclusives ou exclusives, type de site...).

Correctement utilisés, les moteurs de recherche vous feront gagner un temps précieux, mais dans le cas contraire... votre navigation risque fort de se transformer en plongée sous-marine !

Enfin dernier conseil, votre professeur utilise également Internet, il n'est donc pas forcément judicieux de lui rendre un devoir composé de pages internet recopiées. Vous risquez certaines désillusions...

4 Sitographie (non exhaustive)

Moteurs de recherche

www.google.fr	Moteur généraliste très efficace, un bon outil linguistique (traduction en ligne), des procédures de recherche très complètes.
http://www.bing.com/	Moteur généraliste.
www.yahoo.fr	Moteur généraliste.
http://www.metacrawler.com/	Il s'agit d'un moteur de recherche qui questionne lui-même différents moteurs de recherche.

Sites publics

www.legifrance.gouv.fr	Toutes les lois et règlements en vigueur.
www.parlement.fr	Accès aux sites de l'Assemblée nationale et du Sénat.
www.courdecassation.fr	Toutes les jurisprudences fondamentales, de riches informations sur le fonctionnement de la justice en France.
www.servicepublic.fr	Une mine de renseignements juridiques à destination du grand public
www.justice.gouv.fr	Les informations ministérielles, le fonctionnement de la justice.

Sites internationaux

http://europa.eu.int/index_fr.htm	Les institutions européennes et le droit européen accessible en français.
http://www.wto.org/indexfr.htm	L'organisation mondiale du commerce, les règles des échanges internationaux en ligne.
http://www.un.org/french/	Le droit international et l'ONU. Ce portail permet l'accès à de nombreux sites internationaux.
http://www.oecd.org/home/	Les ressources de l'OCDE en ligne. Cliquez sur français (pour les non-anglicistes).

Sites juridiques

http://www.village-justice.com	Site de partage des professionnels du droit.
www.legicite.com	Portail juridique très riche.
www.easydroit.fr/	Portail juridique qui contient de nombreuses fiches juridiques.
http://www.droitenligne.com/liens.htm	Portail juridique associatif.

FICHE MÉTHODE 10 PRÉPARATION AU BAC

Analyser et exploiter une documentation juridique

Remarque : la méthodologie particulière de l'analyse des décisions de justice sera développée en terminale.

Première étape — Identifier le statut du document

S'agit-il d'une règle de droit, d'une décision de jurisprudence, d'un contrat, d'un commentaire ou d'une information à caractère juridique ?

Dans tous les cas, vous serez plus efficace en suivant une méthode rigoureuse d'analyse.

L'origine du document :

1. **La date :** elle est fondamentale en droit. Elle permet de relativiser le document qui vous est soumis par rapport aux évolutions du droit positif. Elle permet une compréhension du contexte dans lequel le document a été écrit.
2. **L'auteur :** l'identité de l'auteur ou des auteurs permet de savoir qui s'exprime (un professeur de droit, un tribunal, l'Assemblée nationale, un journaliste, les parties au contrat...).
3. **Le support utilisé, le type d'écrit et le titre :** s'agit d'un extrait ou d'un texte intégral ? Le texte provient-il du journal officiel, d'une revue juridique, d'un journal quotidien, d'un ouvrage théorique... ?
4. **Le contexte :** il s'agit de l'environnement social, économique, disciplinaire.

Deuxième étape — Bien lire le document

Attention ! Lire n'est pas comprendre. Si à la fin de votre lecture, vous n'êtes pas capable d'expliquer le sens du texte que vous avez lu, alors probablement vous avez besoin des conseils ci-dessous.

1. **Recherche des mots à souligner (ou à surligner) :** le soulignement doit se faire avec discernement et constitue « une marque » personnelle d'appropriation du contenu. Inutile donc de souligner la quasi-totalité du texte !
   1. *Premier niveau de lecture :* **identifiez les mots-clés**. Un effort de réflexion doit porter sur les mots que l'on n'est pas sûr de maîtriser ou les expressions métaphoriques ou allusives. Souvent un mot peut avoir plusieurs sens, l'éclaircissement s'impose si le contexte ne le permet pas.
   2. *Deuxième niveau de lecture :* **identifiez les concepts-clés**. Le concept se distingue des mots qui l'expriment. C'est une notion conçue par l'esprit qui permet de formaliser les connaissances et les situations.
2. **Compréhension globale du document**

   L'auteur, sauf s'il s'agit d'un court extrait, a développé un plan que vous devez repérer. Le sens global du document vous apparaîtra plus clairement si vous repérez sa construction.
   - **Construction typographique :** les retours à la ligne, le nombre de paragraphes sont des indices du découpage du contenu. Un petit nombre de paragraphes signifie quelques points essentiels dans le sujet traité. Un nombre moins concentré nécessite une attention particulière aux enchaînements.
   - **Construction grammaticale :** les enchaînements se matérialisent par les mots de liaison comme les conjonctions de coordination, les adverbes d'opposition ou d'enchaînement (mais, toutefois, cependant, donc, ainsi, pour autant, c'est pourquoi...).
   - **Construction logique :** l'organisation du contenu est indiquée par le passage d'un mode de raisonnement à un autre. Pour cela, il faut savoir repérer les types d'arguments utilisés (démonstration ou réfutation, définition, postulat, assertion...).

Troisième étape

Exploiter le document

Quel que soit le travail demandé, il faut éviter :
- la récitation d'une question de cours, en délivrant un savoir purement livresque,
- la recopie en superposant des extraits du document,
- la paraphrase.

Vous devez être capable de :
- dégager l'essentiel de l'accessoire,
- synthétiser l'intérêt du document,
- ordonner l'analyse en fonction des intérêts du document juridique, soit dans un plan linéaire si les intérêts apparaissent successivement, soit dans un plan thématique s'ils relèvent d'un découpage de la matière.

On vous demandera, souvent, de répondre à des questions posées concernant une documentation juridique. Il faut alors répondre uniquement aux questions posées et non pas à celles qui vous intéressent ou qui vous paraissent évidentes. Les questions cherchent à évaluer l'une des six compétences détaillées dans le tableau ci-dessous. Elles sont rédigées avec les verbes d'action suivants :

1. La connaissance	2. La compréhension	3. L'application
Citer	Démontrer	Adapter
Copier	Déterminer	Appliquer
Décrire	Expliquer	Employer
Définir	Interpréter	Établir
Désigner	Préciser	Mettre en œuvre
Inscrire	Prouver	Poser
Nommer	Résumer	Représenter
Sélectionner	Traduire	Utiliser
4. L'analyse	**5. La synthèse**	**6. L'évaluation**
Décomposer	Assembler	Justifier en...
Diviser	Construire	Évaluer selon les critères suivants
Extraire	Créer	Optimiser
Rechercher	Produire	Vérifier par...
Simplifier	Rassembler	Énumérer par ordre de...
Séparer	Remettre en ordre	Interpréter
Identifier	Réorganiser	
Retrouver		
Caractériser		

Sujet 1 : Responsabilité contractuelle ou délictuelle ?

Pour son anniversaire, les parents de Raphaël, 11 ans, ont décidé de lui offrir le restaurant avec quatre de ses camarades. Après avoir soufflé ses bougies sur le gâteau d'anniversaire, les enfants se rendent dans l'aire de jeux attenante au restaurant. En descendant d'un portique ; Raphaël se blesse au doigt car l'anneau qu'il portait au doigt s'est pris dans un grillage de protection qu'il venait d'enjamber.

Plusieurs jours après, les parents réclament en leur nom et au nom de Raphaël la réparation de leur préjudice qu'ils détaillent ainsi :
- Soins médicaux 800 euros par ailleurs pris en charge par la Sécurité sociale ;
- Perte d'une demi-journée de travail pour conduire l'enfant aux urgences ;
- Préjudice moral : 500 euros ;
- Nettoyage du blouson de l'enfant tâché par le sang 20 euros.

L'exploitant refuse de payer les dommages pour trois raisons :
- un panneau avait été installé devant l'aire de jeux indiquant que les jeux sont utilisés sous la responsabilité des parents et que le restaurant n'est pas responsable des dommages ;
- l'enfant a commis une faute en enjambant un grillage de protection, il est donc responsable de son dommage ;
- l'exploitant n'est pas assuré pour les dommages causés aux tiers non contractants.

TRAVAIL À FAIRE

1. Qualifiez juridiquement les faits.
2. Indiquez pour quels préjudices les parents pourront intenter une action en justice pour le compte de leur enfant mineur.
3. Recherchez les arguments et les fondements juridiques que les parents peuvent utiliser pour obtenir l'indemnisation de leur dommage.
4. Analysez les arguments de l'exploitant pour contester sa responsabilité.

Annexe 1
Article 1147 du Code civil

Le débiteur est condamné, s'il y a lieu, au paiement de dommages et intérêts soit à raison de l'inexécution de l'obligation, soit à raison du retard dans l'exécution, toutes les fois qu'il ne justifie pas que l'inexécution provient d'une cause étrangère qui ne peut lui être imputée, encore qu'il n'y ait aucune mauvaise foi de sa part.

Annexe 2
Article 1384 alinéa 1 du Code civil

On est responsable non seulement du dommage que l'on cause par son propre fait, mais encore de celui qui est causé par le fait des personnes dont on doit répondre, ou des choses que l'on a sous sa garde.

Sujet 2 : Tous les animaux sont-ils exclus du contrat ?

M. et Mme de Bois Lambert sont propriétaires d'un poney de race shetland nommé Poly.
Celui-ci s'est échappé et a causé des dommages matériels dans le jardin de M. Thénardier.
Il sollicite leur assureur de responsabilité pour qu'il prenne en charge les dommages causés au voisin.
L'assureur refuse en expliquant que le contrat d'assurance de responsabilité civile exclut les dommages causés par les poneys.

TRAVAIL À FAIRE

1. Qualifiez juridiquement les faits.
2. Expliquez la clause du contrat d'assurance dans l'annexe 6 (phrase soulignée).
3. Analysez la responsabilité de M. et Mme de Bois Lambert.
4. Appréciez la position de l'assureur refusant la prise en charge des dommages.

Annexe 1

Extrait de l'arrêté du 11 août 2006 fixant la liste des espèces, races ou variétés d'animaux domestiques

« *Mammifères*

Canidés :

- le chien *(Canis familiaris).*

Félidés :

- le chat *(Felis catus).*

Mustélidés :

- le furet, race domestique du putois *(Mustela putorius).*

Équidés :

- le cheval *(Equus caballus) ;*
- les races domestiques de l'âne *(Equus asinus)* [...].

Annexe 2

Extrait d'un site d'information sur les poneys Shetland

Pourquoi ce cheval est-il resté si petit ?

Les îles Shetland subissent un climat rude et très venteux. La nourriture y est maigre, peu énergétique, et elle doit être partagée avec les nombreux troupeaux de moutons qui y vivent.

Les animaux de grande taille ont été progressivement éliminés par la sélection naturelle au profit des plus petits dont les besoins en nourriture sont moindres.

Par un lent processus d'adaptation, les organismes qui sont soumis à de telles conditions ont tendance à rapetisser, afin d'offrir le moins de prise possible aux intempéries.

Ceux qui survivent sont porteurs des gènes responsables de la petite taille, et c'est ce qui arriva au poney Shetland.

C'est ainsi que se façonna au fil des siècles le plus petit et certainement le plus sympathique des équidés...

Résumé du standard

La rudesse du climat, la nourriture précaire, l'isolement insulaire ont fixé la taille réduite du poney Shetland, stabilisée aujourd'hui à 107 cm maximum à l'âge adulte (taille moyenne entre 90 et 100 cm).

http://www.franceshetlandpassion.com/la_race_Shetland.htm

Annexe 3

Les chiens de grande taille

Le Saint Bernard une race de chien de grande taille.
UTILISATION : Chien d'accompagnement, de garde et de ferme.
CLASSIFICATION F.C.I. :
Groupe 2 Chiens de type Pinscher et Schnauzer, Molossoïdes, Chiens de montagne et de bouvier suisses et autres races.
Section 2.2 Molossoïdes type montagne. Sans épreuve de travail.

ASPECT GÉNÉRAL :
Il existe deux variétés de Saint-bernard : La variété à poil court (poil double) et la variété à poil long. Les deux variétés sont de grande taille et leur aspect est empreint de majesté. Le corps est puissant, ferme, musclé et harmonieux, la tête en impose, l'expression est attentive.
TAILLE :
Limite inférieure : Mâles : 70 cm, Femelles : 65 cm.
Limite supérieure : Mâles : 90 cm, Femelles : 80 cm.

Extraits du site http://www.entre-chien-et-nous.fr/standard-st-bernard.html

Annexe 4

Extrait du Code des assurances

Article L. 113-1 du Code des assurances

« Les pertes et les dommages occasionnés par des cas fortuits ou causés par la faute de l'assuré sont à la charge de l'assureur, <u>sauf exclusion formelle et limitée contenue dans la police</u>.
Toutefois, l'assureur ne répond pas des pertes et dommages provenant d'une faute intentionnelle ou dolosive de l'assuré. »

Annexe 5

Extraits du Code civil

Article 1382

Tout fait quelconque de l'homme, qui cause à autrui un dommage, oblige celui par la faute duquel il est arrivé à le réparer.

Article 1383

Chacun est responsable du dommage qu'il a causé non seulement par son fait, mais encore par sa négligence ou par son imprudence.

Article 1385

Le propriétaire d'un animal, ou celui qui s'en sert, pendant qu'il est à son usage, est responsable du dommage que l'animal a causé, soit que l'animal fût sous sa garde, soit qu'il fût égaré ou échappé.

Annexe 6

La clause d'exclusion du contrat

« Les conséquences de la responsabilité civile encourues par l'assuré du fait des animaux à l'exclusion de ceux commis par les petits animaux domestiques. »
Cette clause La clause d'exclusion du contrat figure en caractères gras dans les conditions générales du contrat d'assurance de responsabilité civile souscrit par M. et Mme de Bois Lambert.

Sujet 3 : Les dossiers de Mme Mona

À l'aide de vos connaissances et des ressources documentaires jointes en annexes, vous analyserez la situation ci-dessous en répondant aux questions posées.

Mme Monique MONA, âgée de 78 ans, vit seule dans une grande demeure avec Rex, un berger belge. Le 22 décembre 2012, un photographe lui présente la photographie aérienne de sa demeure. Elle signe le bon de commande et verse un acompte de 100 euros. Le 15 janvier 2012, son fils, Étienne, prend connaissance du montant de la facture qui s'élève à 220 euros et constate que sa mère a effectué d'autres achats onéreux ces derniers mois. Il contacte alors le photographe en exigeant l'annulation de la transaction et le remboursement de l'acompte versé. Le photographe reste évasif et ne donne pas suite.

TRAVAIL À FAIRE

1. Qualifiez juridiquement la situation.
2. Indiquez si le contrat passé entre Mme Monique Mona et le photographe est valable.
3. Étienne pourra-t-il obtenir l'annulation de la transaction et le remboursement de l'acompte ? Quels conseils lui donneriez-vous ?

Suite au décès de sa mère, Étienne a recueilli Rex. Lors d'une promenade sur la route départementale, le chien après avoir été effrayé par le bruit d'une tondeuse se jette sur un cycliste provoquant sa chute. Ce dernier est grièvement blessé, son vélo est cassé, ses vêtements sont déchirés et ses lunettes brisées. Il a été hospitalisé un jour et souffre de nombreuses contusions. Le médecin lui a prescrit un arrêt maladie de 15 jours pendant lesquels il ne pourra donc pas aller travailler.

TRAVAIL À FAIRE

4. Qualifiez juridiquement la situation.
5. Identifiez en les qualifiant juridiquement les différents dommages que l'on peut relever dans la situation.
6. Indiquez le ou les fondement(s) juridique(s) envisageables en vue d'engager la responsabilité d'Étienne.
7. Pour chacun des fondements juridiques envisagés, analysez si la responsabilité d'Étienne pourra être retenue.

Annexe 1

Une meilleure protection juridique des personnes vulnérables

La loi du 5 mars 2007 a d'abord limité le prononcé d'une tutelle ou d'une curatelle aux seules personnes atteintes d'une altération de leurs facultés personnelles. Avant de prononcer une telle mesure de protection, le juge des tutelles doit désormais vérifier que la personne souffre d'une altération de ses facultés mentales ou corporelles de nature à empêcher l'expression de sa volonté, et qu'aucune autre solution de protection (procuration, règles relatives au mariage et aux régimes matrimoniaux et mandat de protection future) n'est suffisante. L'étendue et le contenu de la mesure doivent, en outre, être adaptés aux stricts besoins de la personne.

Par ailleurs, le juge des tutelles ne peut plus se saisir d'office à la suite d'un signalement des services sociaux ou médicaux. Ces derniers doivent désormais saisir le parquet. [...]

Dans la loi du 5 mars 2007, la volonté de la personne vulnérable est également mieux prise en compte. Sa volonté est première pour les questions relatives à sa santé, son logement, ses relations avec les tiers. Les mesures sont prononcées pour une durée déterminée, en principe, au maximum pour 5 ans. Elles doivent donc être révisées par le juge à échéance. [...]

Lorsque le juge des tutelles décide de placer une personne sous tutelle, sous curatelle ou sous sauvegarde de Justice, il doit d'abord rechercher si un membre de la famille souhaite exercer cette mesure de protection.

À défaut, il peut désigner un tuteur professionnel (qui peut être une association, un établissement de soins ou d'hébergement, ou un gérant privé), appelé désormais « mandataire judiciaire à la protection des majeurs ». [...]

Loi réformant les tutelles, JORF n° 56 du 7 mars 2007.

Annexe 2

Articles du Code civil

Article 1382

« Tout fait quelconque de l'homme, qui cause à autrui un dommage, oblige celui par la faute duquel il est arrivé à le réparer ».

Article 1383

« Chacun est responsable du dommage qu'il a causé non seulement par son fait, mais encore par sa négligence ou par son imprudence ».

Article 1384

« On est responsable non seulement du dommage que l'on cause par son propre fait, mais encore de celui qui est causé par le fait des personnes dont on doit répondre, ou des choses que l'on a sous sa garde » [...]

Article 1385

« Le propriétaire d'un animal, ou celui qui s'en sert, pendant qu'il est à son usage, est responsable du dommage que l'animal a causé, soit que l'animal fût sous sa garde, soit qu'il fût égaré ou échappé ».

Sujet 4 : Pas de permis de conduire pour Alexandre

TRAVAIL À FAIRE

Après avoir pris connaissance du contrat de formation à la conduite automobile (annexe 4).

1 Qualifiez juridiquement les parties au contrat.

2 Recherchez les obligations principales de chaque partie.

Alexandre Trocoul n'a pu se présenter à une séance de conduite parce qu'il a été malade. L'auto-école refuse de reporter ou de rembourser la leçon car la maladie ne fait pas partie des cas de force majeure.

TRAVAIL À FAIRE

3 Présentez les arguments à opposer à l'auto-école.

À la suite de cet incident, la confiance entre l'auto-école et l'élève s'est rompue. Alexandre souhaite interrompre le contrat.

TRAVAIL À FAIRE

4 Expliquez-lui s'il en a la possibilité :
- Au regard des dispositions contractuelles.
- Et par ailleurs en invoquant son âge lors de la conclusion du contrat.

Annexe 1 Extrait de l'article L. 132-1 du Code de la consommation

Dans les contrats conclus entre professionnels et non-professionnels ou consommateurs, sont abusives les clauses qui ont pour objet ou pour effet de créer, au détriment du non-professionnel ou du consommateur, un déséquilibre significatif entre les droits et obligations des parties au contrat.

Annexe 2 Recommandation de la Commission des clauses abusives, BOCCRF du 16 décembre 2005 (Extrait)

[...] 2° - Considérant que certains contrats de formation prévoient que toute leçon non décommandée par l'élève dans le délai contractuel est considérée comme prise ou perdue ; que dans la mesure où ces contrats ne réservent pas la possibilité pour l'élève d'un motif légitime pour obtenir un report de leçon, en cas de forfait, ou un remboursement de celle-ci, un déséquilibre significatif est caractérisé ;

Recommande que soient éliminées des contrats de formation à la conduite automobile des établissements d'enseignement à la conduite à titre onéreux les clauses ayant pour objet ou pour effet ;

2° - d'exclure toute possibilité de report ou de remboursement d'une leçon qui n'aurait pas été décommandée par l'élève dans le délai contractuel, alors même que celui-ci justifierait d'un motif légitime ;

Annexe 3 Extrait du Code civil

Article 1108

Quatre conditions sont essentielles pour la validité d'une convention :

- Le consentement de la partie qui s'oblige ;
- Sa capacité de contracter ;
- Un objet certain qui forme la matière de l'engagement ;
- Une cause licite dans l'obligation.

Annexe 4

Extrait d'un contrat de formation à la conduite automobile

AUTO-ÉCOLE DU CIRCUIT
7 rue de Magny cours – 58 000 Nevers
www.autoecoleducircuit.com -
contact@ autoecoleducircuit.com

Objet : CONTRAT DE FORMATION

L'Auto-école du circuit et L'élève conducteur : M. Alexandre Trocoul
Né(e) le : 05/07/1996 A : Paris
Domicilié : rue des conscrits à Nevers 58 000
Téléphone : 03.71.74.58.38

FORTAIT COMPRENANT : 20 leçons minimum
VALABLE DU : 10/08/2013 AU : 09/08/2014

Objet du contrat :
Le présent contrat est établi entre l'élève Alexandre Trocoul et l'Auto-école du circuit désignée ci-dessus. Il a pour objet de définir des droits et devoirs de chacune des parties.

Conditions générales :
1) Les formations assurées par l'Auto-école de conduite sont conformes au programme National de Formation à la Conduite et aux diverses réglementations en vigueur.
2) L'objectif est d'amener l'élève au niveau requis pour être autonome et sûr afin qu'il puisse être présenté aux épreuves Théorique et Pratique du permis de conduire.
3) L'auto-école se réserve la possibilité de reporter ou d'annuler cours et leçons de conduite en cas de force majeure et notamment dans tous les cas ou la sécurité ne pourrait être assurée (conditions atmosphériques, accident, temps, verglas, manifestation,
4) L'élève qui ne se présente pas à une leçon ne pourra demander un report ou un remboursement.
5) L'auto-école ne peut être tenue responsable des délais de retard, annulations et report des examens ou du nombre insuffisant de places d'examens attribué par l'administration.

Durée du contrat :
Ce contrat est conclu pour une durée maximale de 12 mois à compter de la date de signature.

Suspension du contrat :
Dans le cas où l'élève interrompt momentanément ou définitivement sa formation, il s'engage à informer aussitôt son auto-école par écrit.

En cas d'interruption de plus de 6 mois et de moins de 1 an, l'auto-école sera fondée à réclamer à l'élève pour les prestations restant à fournir, un rajustement du prix d'origine en fonction du tarif en vigueur au jour de la reprise.
Sans nouvelle de l'élève au-delà de 1 an, l'Auto-école considérera que celui-ci a renoncé à sa formation et ne pourra la reprendre ou en obtenir le remboursement.

Résiliation :
1) En cas de résiliation par l'élève pour des raisons autres que celles de force majeure, l'élève décidant la rupture du Contrat, le montant total de la formation reste due à l'Auto-école mais sans qu'il puisse avoir lieu à dommages et intérêts.
2) De même que l'Auto-école se réserve le droit de résilier à tout moment la formation de l'élève en cas de comportement de celui-ci contraire au règlement intérieur de l'Auto-école.
3) Le contrat sera définitivement résilié après solde de tout compte.
[...]

Obligation de l'élève
– Règlement des sommes dues :
L'élève est tenu de régler à l'établissement les sommes dues, conformément au mode de règlement choisi. Tout défaut de règlement à échéance peut autoriser l'établissement à rompre le présent contrat.
Sauf accord particulier de l'Auto-école, le solde du compte devra être réglé avant chaque passage de l'examen. [...]
– Modalités de paiement :
Voir facture avec échéancier, ci-jointe au contrat.
Les sommes versées sont des acomptes.

Contrat fait en double exemplaire à Nevers le 8 août 2013

Signature de l'élève
Alexandre Trocoul

Signature de l'Auto-école du circuit
Frédéric Loeb, gérant

Sujet 5 : Une nouvelle activité pour Maxime

Depuis trois ans, Maxime est salarié en contrat à durée indéterminée d'un restaurant Lunch où il exerce les fonctions de directeur adjoint.
Manquant d'autonomie dans son emploi, il envisage une évolution professionnelle.
Il souhaite se lancer dans la création d'une entreprise de restauration. Il dispose pour cela d'un petit capital de 50 000 euros qui pourrait lui permettre de ne pas emprunter la totalité de son investissement.
Il envisage soit de créer un restaurant indépendant soit de devenir franchisé d'un groupe à forte notoriété. Il a réuni quelques informations (en annexe) sur le groupe Brioche Dorée dont il apprécie le concept.

TRAVAIL À FAIRE

1 Expliquez les deux solutions qui s'offrent à lui pour mettre fin au contrat de travail le liant avec la société Lunch et les conséquences de chacune d'elle.

Il hésite enfin sur la forme juridique que doit prendre son activité. Il se pose plusieurs questions :
- Doit-il entreprendre seul ou avec un ami avec qui il pourrait partager l'investissement ?
- Quels sont les avantages et les inconvénients de créer une société ?
- Y a-t-il des risques à se lancer dans son activité sous la forme d'une entreprise individuelle ?

TRAVAIL À FAIRE

2 Apportez des éléments de réponse aux questions que se pose Maxime.

Il s'interroge ensuite sur la relation franchiseur/franchisé.

TRAVAIL À FAIRE

3 Recherchez les arguments favorables et défavorables à la création de son activité dans le cadre d'une franchise comme celle de la Brioche Dorée.

Annexe 1

La franchise « Brioche Dorée »

Nos engagements

· Participer à la **recherche d'emplacements** et valider le site.
· Vous présenter **un état du marché national** et local.
· Réaliser le **plan type des bâtiments et de l'aménagement**.
· **Assurer votre formation initiale** et continue et celle de votre équipe dirigeante.
· Vous assister à l'**ouverture du restaurant**.
· **Mener des actions de marketing** tout au long de l'année, afin de faire face à un marché évolutif.
· Apporter **les performances en puissance d'achat** et de logistique d'un grand réseau.
· **Renouveler la gamme régulièrement** afin de conserver une dynamique saisonnière.
· **Vous soutenir en permanence**, grâce à nos équipes terrain de « consultants franchise », qui sont vos véritables interlocuteurs privilégiés, et à l'expertise de nos différents services centraux : **achats, recherche et développement, marketing, formation, logistique, construction.**

Vos engagements

· Garantir la **satisfaction de vos clients** :
- Accueil chaleureux et convivial
- Écoute et disponibilité
- Service et qualité irréprochables

· Devenir **un véritable ambassadeur de notre marque**
· **Respecter notre image de marque et appliquer les incontournables de notre concept :**
- Gamme de produits
- Cahier des charges des matières premières
- Fiches recettes
- Campagnes promotionnelles
- Formations permanentes
- Hygiène et HACCP
- Qualité du service

« Devenir franchise Brioche Dorée », © Groupe Le Duff, le 7 février 2012.

Annexe 2

Candidature : les conditions d'accès

Forme contractuelle : Contrat de franchise
Durée : 9 ans
Droit d'entrée : 30 000 euros HT
Redevances d'enseigne : 5 % du CA HT
Contribution marketing : 2 % du CA HT
Investissement moyen global Hors fond de commerce : 300 K€
Apport minimum : Franchisé 100 K€
Formation : 11 semaines dont 3 théoriques (le franchisé et/ou le responsable)
Superficie du point de vente : 70 à 200 m^2
Ca moyen annuel : 610 K€
Zone d'implantation : Villes de + de 40 000 habitants

« Devenir franchise Brioche Dorée », © Groupe Le Duff, le 7 février 2012.

LEXIQUE THÉMATIQUE

Thème 6 Qu'est-ce qu'être responsable ?

Action en responsabilité
Action en justice d'une victime ou de ses ayants droits pour obtenir l'indemnisation d'un préjudice.

Assurance (principe)
Les assurés paient une cotisation (prime) pour être indemnisés en cas de survenance d'un événement assuré. Par exemple, une famille paie une cotisation pour garantir la maison contre les conséquences d'un incendie.

Assurabilité
Un risque est assurable quand sa fréquence ou son intensité est économiquement supportable par un assureur qui répartit ce risque sur un ensemble d'assurés.

Dommage
Perte subie à l'occasion d'un événement accidentel ou non. Le préjudice est la part du dommage de la victime qui est indemnisable en droit.

Clause limitative ou exonératoire de responsabilité
Les contrats peuvent contenir des clauses qui limitent ou excluent la responsabilité de l'une ou l'autre des parties.
Ces clauses sont valables si elles respectent des conditions de forme notamment si elles sont proposées à des non professionnels.

Fait
Événement volontaire ou non qui produit des effets juridiques non voulus.
Exemple : un accident de la route - fait non volontaire - engendre un droit à réparation pour la victime.

Fait générateur
Un fait est qualifié de fait générateur de responsabilité s'il est la cause d'un dommage pouvant entraîner la responsabilité de son auteur.

Faute
Tout manquement à une obligation pré existante. Lorsqu'une faute, même légère, cause un dommage, elle oblige son auteur à le réparer.

Force majeure
Événement imprévisible et insurmontable. La notion de cas fortuit est quasi identique. Elle peut être utilisée comme synonyme.
La force majeure exonère de son obligation le débiteur contractuel ou le responsable.

Indemnisation
Action de compenser le préjudice d'une victime à concurrence de celui-ci.

Lien de causalité
Lien mécanique entre une cause identifiée et un effet dont il est la conséquence exclusive.
Les juges recherchent la causalité adéquate dans la survenance d'un événement sans remonter infiniment l'enchaînement des causes.
En matière de responsabilité civile, le demandeur doit prouver le lien de causalité entre le dommage et le fait générateur.

Mutualisation des risques
Une mutualité est un ensemble de personnes, souvent un groupe d'assurés, réunis par un assureur, qui prend en charge la survenance d'un risque si celui-ci ne touche qu'une part de la mutualité.

Préjudice
Traduction juridique du dommage.
En droit, on distingue le préjudice patrimonial (directement évaluable en argent) et le préjudice extrapatrimonial (prix de la douleur, préjudice d'agrément, préjudice moral...) entièrement lié à la personne de la victime.
On distingue également le dommage matériel du dommage corporel notamment dans le cadre des accidents de la circulation.
Un préjudice ne peut faire l'objet d'une indemnisation que s'il est personnel, certain et direct.

Produit défectueux
Produit qui ne présente pas la sécurité à laquelle le consommateur peut s'attendre, au sens de la responsabilité du fait des produits défectueux.

Recours subrogatoire
Recours exercé par un assureur, qui après avoir indemnisé son assuré victime d'un dommage (un incendie par exemple), se retourne contre le responsable pour obtenir le remboursement de l'indemnité qu'il a payée. Le recours subrogatoire s'exerce sur le même fondement juridique et pour la même valeur que celui qu'aurait exercé la victime contre l'auteur du dommage.

Réparation intégrale
En droit français, les victimes peuvent obtenir la réparation de la totalité de leur dommage mais jamais plus.

Responsabilité civile
Obligation de réparer les conséquences d'un dommage. Cette obligation peut naître d'un délit ou quasi-délit (responsabilité civile délictuelle) ou de l'exécution d'un contrat (responsabilité civile contractuelle).

Responsabilité contractuelle
Obligation de réparer les conséquences d'un dommage né à l'occasion de l'exécution d'un contrat.

Responsabilité délictuelle
Obligation de réparer les conséquences d'un dommage né à l'occasion d'un délit ou quasi-délit (attention il s'agit de délit civil et non de délit pénal).

Responsabilité pénale
Obligation générale de répondre de ses actes devant les juridictions répressives.

Thème 7 Comment le droit encadre-t-il le travail salarié ?

Accord collectif
Acte écrit conclu entre un employeur (ou un groupement d'employeurs) et une (ou plusieurs) organisation(s) syndicale(s) représentative(s) de salariés en vue d'améliorer, sur un sujet déterminé, les conditions d'emploi et de travail des salariés.

Avenant
Modification apportée à un contrat existant.

CDD
Contrat à durée déterminée. Le CDD est limité dans le temps (emploi saisonnier) ou à terme certain (remplacement d'un salarié absent). Il ne peut être renouvelé indéfiniment.

CDI
Le Contrat à durée indéterminée est conclu sans aucune limitation de durée.

CTT
Contrat de travail temporaire. Le travail temporaire repose sur la combinaison de deux contrats : un contrat de mission (le CTT proprement dit) entre le salarié et l'entreprise de travail temporaire, et un contrat de mise à disposition entre l'entreprise de travail temporaire et l'entreprise utilisatrice.

Cause réelle et sérieuse
L'employeur peut licencier un salarié en CDI à tout moment s'il justifie d'une cause réelle et sérieuse. Les juges apprécient au cas par cas le caractère réel et sérieux. La maladie, le vol, l'incompatibilité d'humeur ont pu être considérés comme une cause réelle et sérieuse.

Clause abusive
Clause imposée à un consommateur et qui procure un avantage excessif au contractant professionnel. Elle peut être réputée non écrite par le juge.

Clause de non-concurrence
Clause qui oblige le salarié qui quitte l'entreprise à ne pas exercer une activité professionnelle susceptible de concurrencer son employeur. Elle doit comporter certaines limites de spécialités, de temps et d'espace.

Clause de dédit formation
Clause par laquelle un salarié qui quitte l'entreprise et qui a bénéficié d'une formation professionnelle est obligé de rembourser les frais occasionnés par la formation.

Contrat
Accord de volonté entre deux ou plusieurs personnes qui produit des effets de droit. Le contrat est un acte juridique.

Contrat de travail
Contrat par lequel un employeur s'engage à verser un salaire à un salarié qui s'engage à effectuer un travail sous l'autorité de l'employeur. Les trois éléments qui caractérisent ce contrat sont donc le travail, la rémunération et le lien de subordination entre le salarié et l'employeur.

Contrat d'entreprise
Contrat par lequel une personne réalise un ouvrage rémunéré pour un tiers, en conservant son indépendance dans l'exécution de son travail. Par exemple : contrat de réparation automobile, contrat d'architecte, contrat de coiffure, contrat de construction...

Convention collective
Acte écrit conclu entre un employeur (ou un groupement d'employeurs) et une (ou plusieurs) organisation(s) syndicale(s) représentative(s) de salariés en vue d'améliorer l'ensemble des conditions d'emploi et de travail des salariés représentés.

Démission
Rupture du contrat de travail à l'initiative du salarié.

Grève
Cessation collective et concertée du travail pour un temps plus ou moins long par la totalité ou une partie des salariés, d'une ou plusieurs entreprises, en vue d'obtenir la satisfaction de leurs revendications professionnelles.

Liberté individuelle
Droit d'une personne d'agir à titre individuel.

Liberté collective
Pour certains domaines, la liberté d'agir est confiée à un groupe de personne. Par exemple, les salariés disposent collectivement de droit dans l'entreprise.

Lien de subordination
Lien d'autorité qui unit le salarié et l'employeur. C'est le critère fondamental du contrat de travail.

Licenciement
Rupture du contrat de travail à l'initiative de l'employeur. Il est en principe individuel lorsqu'il concerne un seul salarié. Il devient licenciement collectif lorsqu'il concerne un groupe de salariés.

Négociation collective
Ensemble des discussions entre des représentants des employeurs et des organisations syndicales représentatives des salariés dans le but de conclure une convention ou un accord.

Nullité
C'est la sanction d'un défaut de validité du contrat. Elle peut être relative (c'est-à-dire demandée par celui au profit de laquelle elle est édictée) ou absolue.
La nullité du contrat entraîne la disparition rétroactive de toutes les obligations du contrat.

Obligation de reclassement
En cas de licenciement collectif, l'employeur est obligé de proposer un nouvel emploi aux salariés licenciés.

Partenaires sociaux
Ils sont constitués par les syndicats de salariés et d'employeurs.

Plan social
Ensemble des mesures prises pour le reclassement du personnel de l'entreprise lors d'un licenciement collectif pour motif économique.

Prestation de travail
Contrepartie apportée par le salarié à la rémunération qu'il perçoit. Elle suppose une définition soit matérielle (action à réaliser ou objet à produire) soit temporelle (une durée de travail) parfois les deux.

Rémunération
Contrepartie versée par l'employeur à la prestation de travail effectuée par le salarié.

Représentant du personnel
La loi impose l'élection de représentant du personnel dans les entreprises de plus de 10 salariés.

Rupture conventionnelle
Rupture du contrat de travail décidée conjointement par le salarié et l'employeur. Elle peut être accompagnée d'une indemnité négociée par les parties.

SMIC
Salaire minimum interprofessionnel de croissance. C'est le salaire minimum garanti à chaque salarié.

Syndicat
Groupement de personnes, de type associatif, qui a pour objet la défense des intérêts professionnels et moraux de ses membres.

LEXIQUE THÉMATIQUE

Thème 8 Comment le droit organise-t-il l'activité économique ?

Abus de position dominante
Fait pour une ou plusieurs entreprises disposant d'une place prépondérante sur un marché d'exploiter cette situation pour adopter des comportements restreignant le jeu de la concurrence.

Action en concurrence déloyale
Action en responsabilité civile délictuelle intentée par un commerçant contre une personne qui tente de détourner sa clientèle par des manœuvres déloyales.

Action en contrefaçon
Action en justice intentée par le titulaire d'un droit de propriété industrielle contre celui qui reproduit tout ou partie de sa marque (ou de ses modèles) sans son autorisation.

Concentration
Regroupement d'entreprises qui modifie durablement les conditions de concurrence et renforce le pouvoir économique de la nouvelle structure.

Concurrence déloyale
Agissements fautifs de la part d'un concurrent consistant par exemple en des actes de dénigrement des produits (prétendre qu'un produit n'est pas bon), ou de confusion (faire croire en la similitude entre son produit et le produit d'un concurrent) entraînant un préjudice pour l'entreprise victime.

Entente
Accord ou action collective concertée entre des entreprises ayant pour objectif de porter atteinte au libre jeu de la concurrence.

Loyauté de la concurrence (principe)
Le libre jeu de la concurrence permet à une entreprise de « prendre » des clients à une autre entreprise. Cette concurrence doit utiliser des moyens loyaux.

Marque
Signe distinctif susceptible de représentations graphiques permettant à un commerçant, à une entreprise, de singulariser et d'identifier un produit ou un service afin d'attirer et de fidéliser la clientèle.

Monopole d'exploitation
La propriété d'une marque ou d'un brevet donne à son titulaire le droit d'exploiter la marque ou le brevet et à lui seul. Il a un monopole d'exploitation limité dans le temps.

Ordre public économique
Il est constitué par l'état normal des relations entre les agents économiques. Il est assuré par l'ensemble des dispositions légales et réglementaires qui définissent le cadre juridique des relations entre les acteurs économiques. La définition de l'ordre public est sous la responsabilité de l'État.

Parasitisme
Action d'un concurrent qui utilise la notoriété d'un autre concurrent pour son propre compte.

Propriété industrielle
Elle est constituée des droits intellectuels relevant soit d'une création nouvelle (brevets d'invention, dessins et modèles), soit représentant un signe distinctif (marques, nom commercial, appellation d'origine). Dans une conception plus large on peut y intégrer les droits d'auteur régissant les logiciels informatiques, les films et l'édition (livres, presse).

Société par actions simplifiées (SAS)
Société dont le capital est divisé en actions. Elle se caractérise par une très grande liberté contractuelle : le nombre d'associés est indifférent ; les associés sont des personnes physiques et/ou des personnes morales, y compris des associations ; la SAS peut être unipersonnelle ; l'organisation et les attributions des organes de direction sont fixées par les statuts ;

Thème 9 Comment entreprendre ?

Accord de coopération
Contrat par lequel des entreprises décident de devenir des partenaires économiques. Un tel accord peut être conclu avec des fournisseurs, des concurrents...

Actionnaire
Personne propriétaire de parts sociales d'une société par action.

Affectio societatis
L'intention des associés d'une société de travailler ensemble. C'est une des conditions de validité du contrat de société.

Apport
Élément constitutif du capital social d'une société sous forme de numéraire, de bien mobilier ou immobilier, d'activités. La valeur des apports détermine le montant des parts sociales et l'étendue de la responsabilité de chaque apporteur.

Assemblée générale
Réunion périodique des associés en vue de prendre les décisions annuelles (AGO) ou exceptionnelles (AGE).

Association à but non lucratif
Groupement de personnes morales ou physiques, doté de la personnalité juridique réunies autour d'un objet social sans intention de partager des bénéfices.

Associé
Membre d'une société. Dans les sociétés commerciales, les associés sont propriétaires de parts sociales. Les associés s'appellent actionnaires dans les sociétés anonymes.

Auto-entrepreneur
Personne exerçant une activité économique sous le statut d'auto-entrepreneur. Ce statut est compatible avec celui de salarié. Dans la limite d'un seuil, les auto-entrepreneurs ne sont pas assujettis à la TVA et ont des facilités fiscales et sociales.

Coopérative
Forme juridique caractérisée par l'égalité entre les associés tant au niveau de la prise de décision qu'à celui du partage des bénéfices.

Dividende
Part de bénéfice distribuée annuellement aux actionnaires après délibération en assemblée générale.

Entreprise individuelle
Exercice par une personne physique d'une activité professionnelle indépendante en son nom propre. Sans signature d'une clause d'insaisissabilité du patrimoine, l'entreprise individuelle est risquée pour le patrimoine de l'entrepreneur.

Franchise (contrat de)
Contrat par lequel un franchiseur, accorde à un franchisé, le droit d'exploiter une franchise en échange d'une compensation financière.

GEIE
Groupement européen d'intérêt économique. Personne morale constituée dans le but de faciliter ou de développer l'activité économique de ses membres appartenant à différents pays européens.

GIE
Groupement d'intérêt économique. Personne morale constitué dans le but de faciliter ou de développer l'activité économique de ses membres.

Intuitu personae (ou intuitus)
Basé sur le choix de la personne. Dans un contrat intuitu personae, les qualités du cocontractant sont prises en considération. Exemple : le contrat de travail est conclu intuitu personae.

Joint-venture
Forme de collaboration entre deux entreprises ou plus qui créent une entreprise commune pour exploiter un nouveau marché ou un nouveau produit.

Société anonyme
Forme juridique des grandes entreprises. Le capital est divisé en actions. Les actionnaires sont responsables à concurrence de leurs apports.

Société civile
Forme juridique des groupements de personne ayant un objet non commercial et un but lucratif.

Société commerciale
Terme générique qui désigne l'ensemble des sociétés ayant un objet commercial et un but lucratif.

Sous-traitance
Opération par laquelle un entrepreneur, appelé donneur d'ordre, confie à une autre entreprise, appelée sous-traitant, tout ou partie de l'exécution d'un contrat d'entreprise.

Crédits photographiques

Couverture : Ludovic/Réa
p.6 : Thieury/Fotolia ; Adrien Thibault ; © Ministère du Budget, des Comptes publics et de la Fondation publique
p.7 : Mickael Brown/ Fotolia
p.9 : Lisa F. Young/ArenaCreative/Kablonk Micro/Gina Sanders/Fotolia
p.10 : Klaus Eppele/Fotolia
p.11 : Ludovic/Réa
p.12 : Drivepix/Fotolia
p.13 : Unclesam/Alex White/Fotolia
p.17 : Cyril Comtat/Fotolia
p.18 : Auremar/Fotolia
p.19 : Bepsphoto/Fotolia
p.20 : Rtimages/Richard Lyons/Fotolia
p.22 : Yuri Arcurs/ChantalS/Auremar/ Fotolia
p.23 : Miguel Medina/AFP
p.27 : Thieury/Mhd/Fotolia
p.29 : Christophe Fouquin/Fotolia
p.30 : Filosofart/Fotolia
p.31 : Sergey Nivens/Fotolia
p.35 : Lasserpe/Iconovox
p.36 : Mike Powell/GettyImages
p.37 : G. Mathieu
p.43 : Adrien Thibault
p.44 : J. M. Guyon/CandyBox Images 2012/Fotolia
p.45 : Justin Sullivan/AFP
p.47 : Cambon/Iconovox
p.49 : Étienne Laurent/AFP
p.51 : JPC-PROD/Fotolia
p.52 : Monty Rakusen/cultura/Corbis
p.55 : Faber/Iconovox
p.59 : AFP
p.61 : Photopqr/La Provence/Ange Esposito/Maxppp
p.62 : Ludovic/Réa
p.63 : © Ministère du Budget, des Comptes publics et de la Fonction publique
p.67 : Delize
p.68 : Marie Sacha/Fotolia
p.69 : Richard Damoret/Réa, Autorité de la Concurrence
p.70 : Microsoft
p.71 : Ysope
p.73 : Mimi Potter/Fotolia
p.75 : Fabien Courtitarat/Rea
p.79 : Michael Brown/Fotolia
p.80 : D. Ott/Fotolia
p.81 : Deligne
p.82 : Maksym Yemelyanov/Serghei Velusceac/Aye/Singkham/Robert Wilson/ Scanrail/Tristan 3D/Fotolia
p.83 : Losif Szasz-Fabian/Fotolia
p.87 : Chalvin/Iconovox
p.88 : Diana Kosaric/Fotolia
p.89 : Stéphane Audras/Réa
p.91 : © Caroline Doutre/Abacapress. com pour Orange
p.95 : Philhol/Fotolia.com
p.97 : Michel Gaillard/Réa, Léon Neal/AFP
p.96 : Bertys30/Fotolia